Rolf Goetz

Madeira

50 ausgewählte Levada- und Bergwanderungen

BERGVERLAG ROTHER GMBH • MÜNCHEN

ROTHER WANDERFÜHRER

Abruzzen
Achensee
Algarve
Allgäu 1, 2, 3, 4
Allgäuer Alpen -
  Höhenwege und
  Klettersteige
Altmühltal
Annapurna Treks

Andalusien Süd
Antholz Gsies
Aostatal
Appenzell
Ardennen
Arlberg
Arnoweg
Außerfern
Auvergne
Azoren
Bayerischer Wald
Berchtesgaden
Bergisches Land
Berlin
Bern
Berner Oberland Ost
Berner Oberland West
Bodensee Nord, Süd
Bodensee-Rätikon
Böhmerwald
Bolivien
Bozen
Brandnertal
Bregenzerwald
Brenta
Bretagne
Cevennen
Chiemgau
Chiemsee
Chur
Cilento
Cinque Terre
Comer See
Cornwall-Devon
Costa Blanca
Costa Brava
Costa Daurada
Costa del Azahar

Côte d'Azur
Dachstein-Tauern
Dauphiné Ost, West
Dänemark-Jütland
Davos
Dolomiten 1, 2, 3,
  4, 5, 6
Dolomiten-Höhenwege
  1-3
Dolomiten-Höhenwege
  4-7
Dolomiten-Höhenwege
  8-10
Donausteig
E5 Konstanz - Verona
Ecuador
Eifel
Eifelsteig
Eisenwurzen
Elba
Elbsandstein
Elsass
Ober-, Unterengadin
Erzgebirge
Fichtelgebirge
Fränkische Schweiz
Friaul-Julisch Venetien
Fuerteventura
Gardaseeberge
Garhwal-Zanskar-
  Ladakh
Gasteinertal

Genfer See
Gesäuse
Glarnerland
Glockner-Region
La Gomera
Gran Canaria
Grazer Hausberge
Gruyère-Diablerets
Hamburg
Harz
Hawaii
El Hierro
Hochkönig
Hochschwab
Hohenlohe

Hunsrück
Ibiza
Innsbruck
Irland
Isarwinkel
Island
Istrien
Italienische Riviera
Jakobsweg - Camino
  del Norte
Französischer
  Jakobsweg Le
  Puy-Pyrenäen,
  Straßburg-Le Puy
Jakobsweg Schweiz
Spanischer Jakobsweg

Madeira
Mallorca
Marken-Adriaküste
Mecklenburgische
  Seenplatte
Meran
Montafon
Mont Blanc
Montenegro
Mühlviertel
München
München - Venedig
Münsterland
Golf von Neapel
Neuseeland
Neusiedler See
Niederlande
Nockberge
Norische Region
Normandie
Norwegen Süd
Oberlausitz
Oberpfälzer Wald
Odenwald
Ossola-Täler
Ostfriesland
Ost-Steiermark
Osttirol Nord, Süd
Ötscher
Ötztal
La Palma

Patagonien
Pfälzerwald
Picos de Europa

Lappland
Lungau
Luxemburg-Saarland

Piemont Nord, Süd
Pinzgau
Pitztal
Pongau
Portugal Nord
Provence
Pyrenäen 1, 2, 3, 4
La Réunion
Rheinhessen
Rheinsteig
Rhodos
Rhön
Riesengebirge
Rom-Latium
Rügen
Ruhrgebiet
Salzburg
Salzkammergut Ost
Salzkammergut West
Samos
Sardinien
Sauerland
Savoyen
Schottland

Südwestdeutsche
  Jakobswege
Julische Alpen
Jura, Französischer
Jura, Schweizer
Kaiser
Kapverden
Kärnten
Karwendel
Kaunertal
Kitzbüheler Alpen
Klettersteige Bayern -
  Vorarlberg- Tirol -
  Salzburg
Klettersteige
  Dolomiten
Klettersteige
  Brenta - Gardasee
Klettersteige
  Julische Alpen
Klettersteige Schweiz
Klettersteige
  Westalpen
Korfu
Korsika
Korsika - GR 20
Kraichgau
Kreta Ost, West
Kurhessen
Lago Maggiore
Languedoc-Roussillon
Lanzarote

Schwäbische Alb Ost
Schwäbische Alb West
Schwarzwald Fernwan-
  derwege
Schwarzwald Nord
Schwarzwald Süd
Schweden Süd und
  Mitte
Seealpen
Seefeld
Sierra de Gredos
Sierra de Guadarrama
Sizilien
Spessart
Steigerwald
Steirisches Weinland
Sterzing
Stubai
Stuttgart
Südafrika West
Surselva
Tannheimer Tal
Tasmanien

Hohe Tatra
Niedere Tatra
Tauern-Höhenweg
Hohe Tauern Nord
Tauferer Ahrntal
Taunus
Tegernsee
Teneriffa
Tessin
Teutoburger Wald
Thüringer Wald
Toskana Nord, Süd

Türkische Riviera
Überetsch
Umbrien
Ungarn West
Vanoise
Veltlin
Via de la Plata
Vierwaldstätter See
Vinschgau
Vogesen
Vorarlberg
Wachau
Ober-, Unterwallis
Weinviertel
Weserbergland
Westerwald
Westerwald-Steig
Wien
Wiener Hausberge
Zillertal

Zirbitzkogel-
  Grebenzen
Zugspitze
Zürichsee
Zypern

Vorwort

Das ganzjährig milde Klima verhalf Madeira zum schmückenden Beinamen »schwimmende Blumeninsel im Atlantik«. Strelitzien und Fackellilien, Liebesblumen und Hortensien lassen keinen Zweifel aufkommen: Madeira ist wie keine zweite Insel mit einer verschwenderischen Blütenpracht gesegnet. Und klammheimlich hat sich die atlantische Schönheit zu einem Wanderparadies der Extraklasse gemausert.

Das erste portugiesische Wort, das Wanderer auf Madeira lernen, dürfte »levada« heißen. Levadawandern ist einzigartig auf der Welt. Schmale Bewässerungskanäle durchziehen in einem ausgeklügelten Netz kreuz und quer die Insel. Auf den neben den Kanalrinnen angelegten Wartungswegen lässt sich Madeira ohne viele Höhenmeter bequem bis in die entlegensten Winkel entdecken. Gut die Hälfte der in diesem Führer vorgestellten Touren sind Levadawanderungen. Sie führen Sie durch mit Zuckerrohr, Bananen, und Weinreben bestelltes fruchtbares Kulturland, vorbei an kunstvoll in die zerklüftete Inseltopografie modellierten Terrassen, die Assoziationen an Bali oder die Philippinen wecken. Rauschende Wasserfälle und Schluchten liegen ebenso am Weg wie schroff abfallende Kliffs und sumpfige Hochmoore. In den ursprünglichen Tälern im Inselnorden ist die subtropische Vegetation aus Laurazeenwäldern und Heidebusch mitunter so üppig, dass man wie durch einen smaragdgrünen Tunnel zu gehen scheint.

Bei aller Faszination der Levadawege soll nicht vergessen werden, dass die Vulkaninsel auch ein hervorragendes Revier für Bergwanderer ist. Das fast 1900 m hohe Zentralmassiv hält Routen für alle Ansprüche bereit. Ausgesprochen alpin mutet die Drei-Gipfel-Tour vom Arieiro über den Torres hinauf zum Pico Ruivo an. Die spektakulär in den Fels geschlagene Strecke darf zu Recht als die Königstour angesehen werden. Neben verschwiegenen Hirtenpfaden und abenteuerlichen Küstensteigen gibt es noch sogenannte »veredas«, alte Dorfverbindungswege, die über Berg und Tal bis vor wenigen Jahrzehnten den einzigen Zugang in abgeschiedene Ortschaften darstellten. Typisch sind die gerundeten Stufen der Pflasterwege – von den Madeirensern werden sie liebevoll »Ochsenfuß-Pflaster« genannt.

Die Moderne hat vor Madeira nicht Halt gemacht. Durch neue Forstwege, Straßen, Hausbau und nicht zuletzt den steten Wandel der Natur selbst kann sich das Wegenetz verändern. Sollten Sie bei Ihren Wanderungen veränderte Gegebenheiten vorfinden, bitten wir Sie, dies dem Verlag mitzuteilen. Bleibt nur noch, Ihnen erholsame und genussvolle Tage auf der »Blumeninsel im Atlantik« zu wünschen.

Stuttgart, im März 2011   Rolf Goetz

Inhaltsverzeichnis

0   10 km

1 : 250.000

Touristische Hinweise

Zum Gebrauch des Wanderführers

Den Tourenbeschreibungen sind die wichtigsten Informationen steckbriefartig vorangestellt. Das farbige Wanderkärtchen ist mit einem Routeneintrag versehen, ein Höhendiagramm zeigt auf einen Blick die An- und Abstiege der jeweiligen Tour. Im Stichwortverzeichnis sind alle Wanderziele, Orte, Ausgangs- und Stützpunkte sowie alle wichtigen Etappenziele angeführt. Die Übersichtskarte auf S. 6/7 informiert über die Lage der einzelnen Touren.

Anforderungen

Die meisten Wanderungen verlaufen auf deutlichen Pfaden und Wegen. Dies sollte jedoch nicht darüber hinwegtäuschen, dass einige Touren eine gute Kondition, Trittsicherheit und Orientierungssinn erfordern. Zu jeder Tour wird auf die eventuelle Schwindelgefahr hingewiesen. Beachtet werden sollte, dass sich die Schwierigkeiten bei ungünstiger Witterung erheblich erhöhen können. – Zur besseren Einschätzung der jeweiligen Anforderungen wurden die Tourenvorschläge (Tourennummern) mit verschiedenen Farben markiert. Diese erklären sich wie folgt:

Leicht Diese Wege sind meist ausreichend breit und nur mäßig steil, daher auch bei Schlechtwetter relativ gefahrlos zu begehen. Sie können auch von Kindern und älteren Leuten begangen werden.

Mittel Diese Pfade und Steige sind überwiegend schmal und können über kurze Abschnitte etwas ausgesetzt sein. Deshalb sollten sie nur von trittsicheren Bergwanderern begangen werden. Kürzere Passagen können erhöhte Anforderungen an das Orientierungsvermögen stellen und setzen auch eine gewisse Schwindelfreiheit voraus.

Symbole

🚌	mit Bahn/Bus erreichbar	)(		Pass, Sattel
✕	Einkehrmöglichkeit	∩		Tunnel
👫	für Kinder geeignet	♱		Kirche, Kapelle, Kloster
♨	Ort mit Einkehrmöglichkeit	⼉		Picknickplatz
♦	Einkehrmöglichkeit, Café	⚡		Aussichtsplatz
⬒	Schutzhaus, Unterstand	⎅		Wasserfall
🚏	Bushaltestelle	⬓		Bademöglichkeit
†	Gipfel	○		Wasserreservoir

8

Fast jede Levada läuft durch einen oder mehrere Tunnels.

Schwierig Diese Steige und Saumpfade sind häufig schmal und steil angelegt. Stellenweise können sie sehr geröllig und abrutschgefährdet sein, in einigen Fällen ist auch die Zuhilfenahme der Hände notwendig. Levadawege können sehr stark ausgesetzt sein. Diese Wege sollten daher nur von schwindelfreien, trittsicheren, konditionsstarken und alpin erfahrenen Bergwanderern angegangen werden, auch gutes Orientierungsvermögen ist mitunter gefragt.

GPS-Daten

Zu diesem Wanderführer stehen auf der Internetseite des Bergverlag Rother (www.rother.de) GPS-Daten zum kostenlosen Download bereit. Für den Download benötigen Sie das folgende Passwort: wfMader07rT1p8. Sämtliche GPS-Daten wurden vom Autor im Gelände erfasst. Verlag und Autor haben die Tracks und Wegpunkte nach bestem Wissen und Gewissen überprüft. Dennoch können wir Fehler oder Abweichungen nicht ausschließen, außerdem können sich die Gegebenheiten vor Ort zwischenzeitlich verändert haben. GPS-Daten sind zwar eine hervorragende Planungs- und Navigationshilfe, erfordern aber nach wie vor sorgfältige Vorbereitung, eigene Orientierungsfähigkeit sowie Sachverstand in der Beurteilung der jeweiligen (Gelände-)Situation. Man sollte sich für die Orientierung auch niemals ausschließlich auf GPS-Gerät und -daten verlassen.

Die Top-Touren Madeiras

Lombada da Ponta do Sol

Die großartige Levadarundwanderung läuft durch ein abgeschiedenes Tal über der Südküste – spektakulär ist die Wegführung hinter einem Wasserfall (Tour 7, 2.30 Std.).

São Lourenço

Die viel begangene Tour durch das bizarre Naturreservat im äußersten Osten Madeiras ist für ihre Küstenpanoramen berühmt: Schroff abfallende Kaps in warmen Rot- und Ockertönen, von einem Aussichtsgipfel schaut man bis zur Nachbarinsel Porto Santo hinüber (Tour 12, 2.30 Std.).

Ribeiro Frio

Der Klassiker unter den Levadatouren macht mit dem subtropischen Lorbeerwald Madeiras bekannt. Die üppige Vegetation versetzt selbst Hobby-Botaniker ins Staunen (Tour 19, 3.30 Std.).

Caldeirão Verde

Der wildromantische Levadaweg in den »grünen Kessel« führt in eine der ursprünglichsten Regionen Madeiras. Dabei gilt es, enge Tunnels zu durchqueren, von den Berghängen rauschen imposante Wasserfälle zu Tal. Im Anschluss bietet sich die abenteuerliche Route in den Höllenkessel (Tour 29) an (Tour 28, 3.30 Std.).

Pico Ruivo

Auf der bequemen Kurzwanderung wird der höchste Inselberg bestiegen. Vom Dach Madeiras bietet sich ein grandioses 360°-Panorama (Tour 30, 1.45 Std.).

Pico do Arieiro

Der Höhenweg der Superlative verbindet die höchsten Gipfel Madeiras. Die alpine Bergwanderung läuft größtenteils über in den Fels gehauene Treppensteige – ein bisschen Kondition sollten Sie mitbringen. Sicherlich die spektakulärste Tour auf der Insel (Tour 31, 5 Std.).

Kammweg zum Encumeada-Pass

Grandiose Tour auf dem zentralen Gebirgskamm Madeiras, von dem man sowohl auf die Süd- als auch auf die Nordküste hinabschaut (Tour 32, 5 Std.).

Pico Grande

»Großer Gipfel« heißt der massige Bergstock im Zentrum der Blumeninsel schlicht. Ein luftiger Panoramaweg mit anspruchsvollem Steig bringt Sie auf einen der schönsten Aussichtsberge Madeiras (Tour 36, 4 Std.).

Pináculo

Der Zuckerhut Madeiras ist auf einem abenteuerlichen Saumpfad zugänglich. Auf dem Rückweg geht es zur Aussichtsplattform auf der Bica da Cana hinauf, die wunderbare Ausblicke ins Zentralmassiv und das Hochland Paul da Serra erlaubt (Tour 39, 1.30 Std.).

25 Fontes

Dichte Baumheidewälder säumen diesen wunderschönen Levadaweg ins Quellgebiet von Rabaçal. Ein kurzer Abstecher (Tour 45) bringt Sie zum berühmtesten Wasserfall Madeiras (Tour 46, 3 Std.).

Anfahrt

Die meisten der in diesem Führer vorgestellten Wanderungen können mit öffentlichen Verkehrsmitteln erreicht werden. Einen Busplan mit den für Wanderer wichtigsten Verbindungen finden Sie auf S. 26/27. Bei einigen Orten ist die Anfahrt im Pkw bzw. Taxi notwendig.

An spektakulären Levadawegen mangelt es Madeira nicht: Hier führt der Weg hinter Wasserfällen entlang – mit einer kleinen Dusche muss gerechnet werden (Tour 7).

Gehzeiten
Die Zeitangaben enthalten nur die reine Gehzeit – ohne Rast- oder Fotopausen! Generell wird die Gesamtgehzeit vermerkt.

Ausrüstung
Von einigen leichten Levadawanderungen abgesehen ist für alle Touren solides Schuhwerk mit Profilsohlen notwendig. Nicht fehlen dürfen ausreichend Trinkwasser, Regen- und Sonnenschutz sowie für kühle Tage ein warmer Pulli. Für die zahlreichen Tunneldurchquerungen ist eine gute Stirn- oder Taschenlampe inklusive Ersatzbatterien erforderlich.

Gefahren
Die meisten Touren folgen deutlichen Wegen. Auf wegloses Terrain, Kletterpassagen oder Wegstücke, die Schwindelfreiheit erfordern, wird gesondert hingewiesen. In Höhenlagen oberhalb 500 m können plötzlich aufziehende Wolken und Bergrutsche manche Steige und Levadawege kurzfristig unpassierbar machen.

Beste Jahreszeit
Madeira ist ein Ganzjahres-Wanderziel – die Sommermonate sind nicht allzu heiß, die Wintermonate mild mit von Mitteleuropäern als frühlingshaft empfundenem Wetter. Mai bis Ende September garantieren die stabilste Wetter-

Das Meeresschwimmbad von Porto Moniz – wenn die Badegäste weg sind, kommen die Angler.

lage mit auch an der Nordseite nur mäßigen Niederschlägen. Im Winter muss im Norden und in Höhenlagen ab 600 m mit kühlem und regnerischem Wetter gerechnet werden, im zentralen Bergland kann es kalt sein und gelegentlich schneien. Die Südseite der Insel ist dagegen auch im Winter überwiegend trocken und mild.

Wegenetz und Markierungen

Das Wegenetz auf Madeira ist gut ausgebaut. Bei Levadawanderungen gibt der Wasserkanal die Richtung vor, verlaufen kann man sich dort kaum. Die Inselverwaltung hat 19 teils viel begangene Levadawege und Bergtouren im Zentralmassiv nach den internationalen Wanderrichtlinien ausgeschildert (PR 1 bis PR 19). Am Einstieg informiert jeweils eine große Tafel über die Wegstrecke, zentrale Gabelungen und Kreuzungen sind beschildert und mit Entfernungsangaben versehen. Auf der Strecke selbst gibt es allerdings nur spärlich gesetzte gelb-rote Wegzeichen.

Geradeaus weiter	falsche Richtung	Richtungs-wechsel

Berghütten und Einkehr

Einzige bewirtschaftete Berghütte ist die Casa de Abrigo do Pico Ruivo. Die Hütte kurz unterhalb des höchsten Inselgipfels bietet eine bescheidene Auswahl an Heiß- und Kaltgetränken. An etlichen Routen bestehen unterwegs Einkehrmöglichkeiten in Snackbars und Restaurants.

Karten und Führer

Eine empfehlenswerte Karte im Maßstab 1:40.000 ist die Autokarte »Madeira« von Freytag & Berndt. Beste Wanderkarte ist die auch vor Ort erhältliche »Madeira Tour & Trail Map« (1:40.000) von Discovery Walking Guides. Ein bebildertes Bestimmungsbuch für botanisch Interessierte ist »Madeira – Pflanzen und Blumen« von António da Costa und Luis Franquinho, es ist vor Ort in den Touristenbüros und Souvenirläden erhältlich.

Tipps für Streckenwanderer

Einige Touren und Levadawanderungen sind als Streckenwanderungen konzipiert, deren Endpunkt weitab vom Ausgangspunkt liegt. Hier empfiehlt es sich, entweder die öffentlichen Verkehrsmittel (Bus, Taxi) in Anspruch zu nehmen, sich einem organisierten Wanderausflug anzuschließen oder aber man tut sich mit einem anderen Pkw-Wanderer zusammen. Am besten stellt man noch vor der Wanderung einen Wagen am Endpunkt ab.

Weitwanderer können von Funchal aus in einer mehrtägigen Levadatour die Insel queren und bis Porto da Cruz wandern. Die Etappen Monte – Camacha – Santo António da Serra – Portela – Porto da Cruz sind in diesem Führer komplett abgedeckt. Für die Strecke sind 2 bis 3 Tage zu veranschlagen, übernachtet werden kann in Camacha, Santo da Serra und Porto da Cruz.

Tipp: Aktuelle Infos über wegen Erdrutsch, Waldbrand oder Bauarbeiten vorübergehend gesperrte Wege gibt es unter www.madeiraislands.travel (»Praktische Informationen«, Stichwort »Warnhinweis für Wanderer«).

Wandern auf Madeira

Die Hauptinsel des Madeira-Archipels liegt geografisch näher zu Afrika als zu Europa. Während die Entfernung zum portugiesischen Mutterland fast 900 km beträgt, sind es zur marokkanischen Küste lediglich 500 km, zu den weiter südlich gelegenen Kanarischen Inseln 400 km. Auf einer Fläche von 741 km² leben rund 270 000 Einwohner, fast die Hälfte davon im dicht besiedelten Großraum der Hauptstadt Funchal.

Trotz der überschaubaren Größe wartet Madeira mit vielfältigen Landschaften auf. Die vor 20 Millionen Jahren durch vulkanische Tätigkeit aus dem Atlantik emporgehobene Insel wird im Zentrum von einem bizarr verwitterten Gebirgskamm dominiert, höchste Erhebung ist der 1862 m hohe Pico Ruivo.

Der Lorbeerwald – Weltnaturerbe der Unesco

Seit 1999 steht Madeira auf der Unesco-Liste des Weltnaturerbes. Diese Auszeichnung verdankt die Insel in erster Linie dem Lorbeerwald, der bis zur portugiesischen Besiedlung vor knapp 600 Jahren praktisch die gesamte Höhenlage zwischen 700 und 1200 m bedeckte und der »Waldinsel« letztendlich auch den Namen gab (port. Madeira = Holz). Kahlschlag reduzierte den Waldbestand erheblich, nur in den schwer zugänglichen Schluchten im Inselinneren und an der Nordseite konnten sich Reste der urzeitlichen Lorbeerwälder halten. Den Echten Lorbeer (Laurus nobilis), dessen ledrige Blätter das bekannte Küchengewürz abgeben, sucht man in den madeirensischen Wäldern allerdings vergeblich. Unter dem Sammelbegriff Lorbeerwald wird vielmehr eine Pflanzengesellschaft von rund 20 Gehölzen verstanden. Die namensgebenden Hauptvertreter stellen vier verschiedene Lorbeergewächse. Am verbreitetsten sind der Azorische Lorbeer (Laurus azorica) und der Stinklorbeer (Ocotea foetens), daneben gibt es den Kanarischen Lorbeer (Apollonias barbujana) und den Madeira-Mahagoni (Persea indica). Dazu gesellen sich u.a. der Maiblumenbaum (Clethra arborea, port. folhado), er kommt vor allem in der nach ihm benannten Region Folhadal vor (Tour 38). Die Baumstämme im Lorbeerwald sind von Moosen bewachsen, von den Ästen hängen Bartflechten herab. Den artenreichen Unterwuchs stellen Farne und Gänsedisteln. Allein 70 Farnarten gedeihen auf Madeira, stark vertreten ist der Adlerfarn, seltener der Nierenblättrige Frauenhaarfarn.

Lorbeerwälder lieben es besonders feucht, zum Überleben brauchen sie eine mittlere Niederschlagsmenge von 1500 mm im Jahr. Die Luftfeuchtigkeit beträgt vielfach um 85 %. Die subtropischen Bergwälder spielen damit für den Wasserhaushalt eine immens wichtige Rolle. In Lagen über 1200 m wird der Lorbeerwald von niedrigeren Gehölzen abgelöst. Vorherrschend ist die Baumheide (Erica arborea), die dichte Bestände ausbildet. Nicht selten erreichen die knorrigen Bäume eine Höhe von 3–4 m, Blütezeit sind die Monate April bis Mai.

Endemische Flora

Von den rund 760 wild wachsenden Pflanzenarten auf der Insel sind 143 endemisch, kommen also nur auf Madeira und sonst nirgendwo auf der Welt vor. Einer der Stars der endemischen Pflanzenwelt ist der sogenannte Stolz von Madeira (Echium candicans), eine Natternkopfart, die im Sommer prächtige lilafarbene Blütenkerzen austreibt. Ebenfalls in den Sommermonaten erfreut der Schopffingerhut (Isoplexis sceptrum) mit seinen goldgelben Blüten das Auge. Das Fingerhutgewächs kann über

Brotpalmfarne aus Südafrika sind der Stolz der Botanischen Gärten.

3 m hoch werden. Nicht minder farbenfroh zeigt sich der Madeira-Storchschnabel (Geranium maderense), er setzt in der Krautschicht des immergrünen Lorbeerwaldes lila Farbtupfer. Recht unscheinbar nimmt sich dagegen das gelb blühende Madeira-Veilchen (Viola paradoxa) aus. Sein Zuhause ist das felsige Terrain im Zentralmassiv. Endemisch ist auch die Madeira-Heidelbeere (Vaccinium padifolium), die wie auch die in Mitteleuropa verbreitete Art schmackhafte Beeren hervorbringt. Um sie zu ernten, muss man sich nicht bücken, sondern strecken – die Beeren wachsen auf mannshohen Sträuchern.

Von den Dickblattgewächsen sei das Drüsen-Aeonium (Aeonium glandulosum) erwähnt. Die tellerartigen Blattrosetten schmiegen sich eng an Felswände, zu sehen bekommt man sie z.B. auf Tour 14, 31 und 37. Selten geworden ist der mit seinem bizarren Geflecht aus Flaschenästen archaisch anmutende Drachenbaum (Dracaena draco), der außer auf Madeira vor allem auf den Kanarischen Inseln vorkommt. Eines der prächtigsten Exemplare steht im Garten vom Nobelhotel Reid's in Funchal.

Naturparks und Botanische Gärten

Fast zwei Drittel der Inselfläche steht unter Naturschutz. Der Parque Natural de Madeira nimmt praktisch das gesamte Inselinnere ein. Hier befinden sich auch die ausgedehnten Lorbeerwälder, besonders beeindruckend in der Region von Ribeiro Frio (Wanderungen 18, 19 und 20) und im Parque das Queimadas (Wanderungen 27, 28 und 29). Unter besonderem Schutz stehen

Bananen gedeihen vornehmlich im subtropischen Klima an der Südküste.

ferner die Naturreservate Ponta de São Lourenço im äußersten Osten (Wanderung 12), Rocha do Navio an der Nordküste zwischen Ponta de São Jorge und Ponta do Clérigo (Wanderung 26) sowie das Meeresschutzreservat von Garajau. Oberhalb von Funchal ist der Parque Ecológico do Funchal ausgewiesen. Die 1000 Hektar große Schutzzone mit einer Vielzahl endemischer Pflanzen zieht sich von Ribeira de Santa Luzia (520 m) nahe Monte bis zum Pico do Arieiro hinauf, ein Informationszentrum (Centro de Recepção e Interpretação) befindet sich an der ER 103 zwischen Monte und Poiso. Picknickplätze und markierte Wanderwege machen den Ökologischen Park im Sommer zu einem beliebten Freizeit- und Naherholungsgebiet der Hauptstädter.

Den bestmöglichen Einblick in die Vielfalt der Flora bietet ein Besuch in einem der Botanischen Gärten. Die Gartenbaukunst wurde von den Engländern auf die Insel gebracht. Dank des ganzjährig milden Klimas finden subtropische und tropische Gewächse aus allen Kontinenten ideale Wachstumsbedingungen vor. Der Jardim Botânico da Madeira in Funchal beherbergt neben einer Abteilung mit endemischen Pflanzen wie dem Drachenbaum exotische Arten aus aller Welt, darunter auch Nutzpflanzen wie Kaffee, Zimt und Vanille. Dem Botanischen Garten ist ein Vogelpark angeschlossen, in der Nähe gibt es einen schönen Orchideenpark. Vielleicht noch attraktiver ist Quinta do Palheiro Ferreiro. Der auch als Blandy's Garden bekannte Park ist neben dem alten Baumbestand vor allem für die prächtigen südafrikanischen Proteaceen und Kamelienhecken bekannt.

Ein weiteres Highlight unter den Gärten ist der Monte Palace Tropical Garden. Er verfügt über eine stattliche Sammlung von Brotpalmfarnen. Unter schattigen Mammutbäumen und Baumfarnen verwöhnt eine verschwenderische Zierflora das Auge.

Ziergewächse

Ihren Ruf als Blumeninsel verdankt Madeira der aus aller Welt eingeführten Zierflora. Es gedeiht praktisch fast alles, was Rang und Namen hat. Charakteristische Levadagewächse sind Hortensien und Afrikanische Liebesblumen, die den Wanderer oftmals kilometerlang begleiten. Das ganze Jahr über blühen Bougainvillea, Hibiskus und Strelitzien. Letztere, auch Papageienblume genannt, hat es zum botanischen Wahrzeichen von Madeira gebracht. Als Mitbringsel kann man einen

Die Strelitzie – botanisches Wahrzeichen Madeiras.

Bund Strelitzien transportsicher im Karton verpackt noch schnell vor dem Rückflug im Flughafen erstehen. Im Spätherbst zeigt sich die aus der südafrikanischen Kapregion importierte Belladonnalilie. Eine Zierde sind die ursprünglich in Australien beheimateten Akazien, die von Januar bis März ganze Hänge in ein gelbes Blütenmeer tauchen. Ebenfalls im Winter zeigen sich Weihnachtssterne, Kamelien und der aus Brasilien stammende Korallenbaum von ihrer besten Seite.

Tierwelt

Verglichen mit der artenreichen Flora nimmt sich die Tierwelt bescheiden aus. Bis auf Haustiere gibt es keine großen Landsäugetiere. Wanderer brauchen sich vor Schlangen nicht in Acht zu nehmen – sie schafften den Sprung auf die abgelegene Insel genauso wenig wie Skorpione oder anderes giftiges Getier. Wenn es im Gebüsch raschelt, handelt es sich meist um harmlose Eidechsen.

Die vorgelagerten Felseninseln sind ein wichtiges Refugium von Seevögeln wie dem Gelbschnabelsturmtaucher oder dem Madeira-Wellenläufer. Nur auf Madeira zu Hause sind das

Die endemische Madeira-Eidechse.

Windräder auf der Hochebene Paul da Serra.

Madeira-Sommergoldhähnchen und eine im Lorbeerwald lebende Ringel-taube. Auf den Desertas-Inseln gibt es noch einige Mönchsrobben. Die vom Aussterben bedrohten Tiere bevölkerten früher in großer Zahl auch die Küsten der Hauptinsel. Wichtigster Fisch ist der Degenfisch (port. espada). Der wohlschmeckende Speisefisch wird mit langen Angelleinen aus bis zu 2000 m Tiefe gefischt.

Umwelt und Ökologie

Die üppige Vegetation und Blumenpracht kann nicht darüber hinwegtäuschen, dass Madeira auch handfeste ökologische Probleme hat. Die hohe Bevölkerungsdichte führte dazu, dass die küstennahen Regionen, vor allem im Inselsüden, stark zersiedelt sind.

Eng verknüpft mit der Übervölkerung fordert die verkehrsmäßige Erschließung ihren Tribut. Mit finanzieller Unterstützung der EU sucht man vehement Anschluss an das mitteleuropäische Niveau. Schnellstraßen und Autobahnen fressen sich trotz der zerklüfteten Topografie rücksichtslos durch die Insel, Täler werden überbrückt und Bergrücken untertunnelt. Dabei fiel so manch alter Pflasterweg einer neuen Trasse zum Opfer.

Ein Problem, das dem Wanderer nicht verborgen bleibt, ist die Entsorgung. Zu schnell vollzog sich der Wandel ins moderne Verpackungszeitalter, zu langsam bildete sich dazu ein Umweltbewusstsein heraus. Wilde Müllkippen verunzieren die Insel, und nicht selten werden Levadas als bequeme Entsorgungswege genutzt. Bleibt zu hoffen, dass die von der Inselregierung initiierte Umwelterziehung in den Schulen bei der jungen Generation ankommt.

Levadas

Mit den Levadas besitzt Madeira ein für Wanderer einmaliges Wegenetz. Die ersten Bewässerungskanäle wurden bereits kurz nach der Besiedlung der Insel im 15. Jahrhundert angelegt, um die reichen Wasserressourcen im Inselinneren für den Anbau von Zuckerrohr und Wein nutzbar zu machen. Der Bau war gefährlich und forderte so manches Menschenleben. An Steilwänden ließ man hängende Weidenkörbe hinunter, von denen aus die Arbeiter die Kanäle aus dem Fels schlugen. Im Lauf der Generationen entstand ein Kanalsystem von heute über 2000 km Länge. Die Levadas sind 20 bis 120 cm breit und bis zu einem Meter tief. Die Wege entlang den Levadas dienen zur Wartung und sind gleichzeitig ideale Wanderwege. Abgesehen von mitunter steilen An- und Abstiegen zu den Levadas ziehen sich diese selbst fast ohne Gefälle über die ganze Insel. Sofern sie ausreichend gesichert sind, lässt es sich bequem auf oder neben den Levadamäuerchen entlangwandern. Für zusätzlichen Reiz sorgen die von den Levadaarbeitern am Wegrand gepflanzten Zierpflanzen.

Die Levadas passen sich perfekt an die topografischen Gegebenheiten an.

Informationen und Adressen

Anreise

Mit dem Flugzeug: Madeira wird von zahlreichen Chartergesellschaften von allen großen Flughäfen Deutschlands, Österreichs und der Schweiz direkt angeflogen. Linienflüge via Lissabon bietet die portugiesische TAP an. Die Flugzeit von Mitteleuropa beträgt knapp 4 Stunden.

Mit der Fähre: Vom portugiesischen Hafen Portimão verkehrt einmal wöchentlich eine Autofähre nach Madeira und weiter auf die Kanarischen Inseln. Die Überfahrt dauert etwa 21 Stunden (www.navieraarmas.com).

Auskunft

Portugiesisches Fremdenverkehrsamt: Zimmerstr. 56, 10117 Berlin, ✆ 030/2541060.

Auf Madeira: Direcção Regional do Turismo, Avenida Arriaga 16, 9004-519 Funchal, ✆ 291211902, www.madeiraislands.travel.

Badeplätze

Für eine Insel untypisch: Strände sind auf Madeira Mangelware. Schroff fallen die Steilküsten zum Meer ab, nur wenige Kiesel- und Steinstrände sind ausgespart. Die Madeirenser behelfen sich mit Meerwasserschwimmbecken, fast jeder größere Küstenort verfügt über so eine Badestelle. Wer auf goldgelbe Sandstrände aus ist, wird auf der nur 15 Flugminuten entfernten Nachbarinsel Porto Santo fündig.

■ Lido Funchal
  Die älteste und beliebteste städtische Badeanlage befindet sich direkt im Hotelviertel der Hauptstadt. Geboten werden Felsschwimmbecken und mehrere Pools, auf Treppen kann man ins Meer absteigen.

■ Fajã dos Padres
  Der Kiesstrand westlich vom Cabo Girão liegt spektakulär am Fuß eines 300 m hohen Kaps und ist nur mit (teurem) Ausflugsboot ab Hafen Funchal oder von Quinta Grande mit einer unvergesslichen Abfahrt per Panoramalift (Mi–Mo 11–18 Uhr, im Jan. und Feb. geschlossen) erreichbar. Am Strand gibt es eine tropische Obstplantage und ein gepflegtes Restaurant.

■ Ribeira Brava
  Der künstlich aufgeschüttete Strand an der meist sonnigen Südküste ist von Wellenbrechern geschützt, sodass ohne viel Brandung Badebetrieb möglich ist. Für das leibliche Wohl sorgt ein gutes Strandlokal.

■ Praia da Calheta
  Ebenfalls an der sonnenverwöhnten Südküste liegt Madeiras einziger goldgelber Sandstrand – er wurde mit aus Marokko herangeschifftem hellem Sand künstlich aufgeschüttet und fällt flach ins Meer ab, vorgelagerte

Wellenbrecher zähmen die Brandung. Zu dem Komplex gehören eine Marina und ein Strandhotel.

- **Porto Moniz**
  Die natürlichen Badebecken im Nordwesten Madeiras sind von bizarren Felsen eingefasst – sicherlich einer der schönsten Badeplätze der Insel (Fotos S. 12 und 138).

- **Prainha**
  Der beste Naturstrand Madeiras mit feinem dunklen Lavasand liegt relativ geschützt in einer kleinen Bucht östlich von Caniçal auf der Halbinsel São Lourenço (Foto rechts).

- **Lido Galomar**
  Kleines Meerwasserschwimmbad am Fuß der Klippenküste von Caniço de Baixo. Zu der Anlage fährt man mit einem Fahrstuhl hinab (siehe Abbildung S. 58).

Der dunkelsandige Lavastrand von Prainha.

- **Praia dos Reis Magos**
  Der grobe Kieselstrand im Osten von Caniço de Baixo wurde jüngst um einen vor einer Betonmole aufgeschütteten schmalen Sandstrand erweitert. Der flach abfallende Strand ist ideal für Kinder und im Sommer sehr beliebt.

Camping

Es gibt einen offiziellen Campingplatz in Ribeira da Janela, 3 km südöstlich von Porto Moniz (Parque do Campismo, ℂ 291853872 und 291853856). Der Platz liegt recht schattig am Flussufer und hat nur in den Sommermonaten geöffnet. Wildes Campen ist nicht verbreitet, wird jedoch toleriert.

Internet

- www.visitportugal.com – offizielle Seite des portugiesischen Fremdenverkehrsamtes
- www.madeira-zeitung.com – unabhängiges Infoportal für Feriengäste und Residenten mit Geschichten und Nachrichten rund um die Insel
- www.madeirabirds.com – eine Fundgrube für Hobby-Ornithologen, die auch über die im Madeira-Archipel vorkommenden Wale und Delfine informiert

Weitere Internetadressen können Sie der Website des Bergverlags Rother www.rother.de (WebLinks/GeoSuche) entnehmen.

à direito	geradeaus	**j**ardim	Garten, Park
à direita	rechts		
à esquerda	links	**l**argo	Platz
achada	Plateau, Hoch-ebene	levada	Bewässerungs-kanal
agua	Wasser	lombada	Bergkamm
autocarro	Bus	lombo	Bergrücken
baía	Bucht	**m**adre	Fassung einer Quelle/Levada
balcões	Balkon, Aussichts-plattform	miradouro	Aussichtspunkt
boca	Pass, Scharte	monte	Berg
bosque	Wald		
		palheiro	Stall
cabo	Kap	paragem	Bushaltestelle
caldeirão	Kessel	passeio	Weg
calheta	Bucht	paul	Sumpf
caminho	Weg, Pfad	penha	Fels
casa	Haus	pico	Gipfel
chão	Ebene	poço	Brunnen, Schacht
choupana	Hütte	ponta	Landspitze
cova	Höhle	ponte	Brücke
cruz	Kreuz	porto	Hafen
cruzinhas	Kreuzung	posto florestal	Forsthaus
curral	Weide, Stall	pousada	staatliches Hotel
		praia	Strand
em frente	geradeaus		
encumeada	Passübergang mit Aussicht	**q**uinta	Landgut
estrada	Landstraße	**r**ibeira	Bach, Fluss
		risco	Gefahr
fajã	durch Erdrutsch entstandene Terrasse	rua	Straße
fonte	Quelle	**s**eco	trocken
frio	kalt	sitio	Platz
grande	groß	**t**erreiro	Gelände
igreja	Kirche	**v**ale	Tal
ilha	Insel	vereda	Pfad
		via rápida	Schnellstraße

Klimatabelle Funchal

Monat		1	2	3	4	5	6	7	8	9	10	11	12	Jahr
Tag	°C	16	16	17	20	24	27	29	29	27	23	21	17	22,2
Nacht	°C	9	9	10	12	15	19	21	22	19	16	13	11	14,6
Wasser	°C	16	15	16	16	19	22	24	25	24	23	20	17	19,7
Sonnenstunden		3	5	6	8	10	12	13	12	10	6	6	4	7,9
Regentage		12	7	8	4	2	1	0	0	2	6	6	10	58

Klima

Auf Madeira herrscht ein subtropisches Klima mit ganzjährig milden Temperaturen. Der Passatwind beschert der Insel ein ausgeprägtes Mikroklima. Der Gebirgskamm im Inselinnern wirkt als Wetterscheide und teilt die Insel in einen niederschlagsreichen und vielfach wolkenverhangenen Norden und eine trockenere und sonnigere Südseite. Die Temperaturen zwischen Sommer und Winter schwanken nur um wenige Grad. Klimatisch besonders begünstigt sind Funchal und die Südküste. In höheren Lagen kann im Winter das Wetter unbeständig und kühl sein.

Notruf

Die zentrale Notrufnummer für Polizei, Feuerwehr und Ambulanz ist 112.

Sicherheit

Die Kleinkriminalitätsrate ist auf Madeira niedriger als in Mitteleuropa. In jüngster Zeit kam es allerdings im Großraum Funchal wiederholt zu Überfällen auf Levada-Wanderer. Betroffen waren die Levada dos Piornais (westlich der Stadtgrenze) sowie die Levada dos Tornos in Nogueira zwischen Monte und Camacha. Touren entlang dieser Levadas sind in diesem Führer nicht enthalten. Ein weiterer sozialer Brennpunkt ist Câmara de Lobos. Vorsicht geboten ist außerdem an der Levada zwischen Camacha und Assomada (Tour 10).

Sprache

Auf Madeira wird portugiesisch gesprochen, in den touristischen Zentren kommt man mit Englisch sehr gut zurecht. Deutsch wird nur vereinzelt in Caniço und im Hotelviertel von Funchal gesprochen.

Telefon

Die Vorwahl nach Portugal/Madeira ist 00351. Vorwahl von Madeira nach Deutschland 0049, nach Österreich 0043, in die Schweiz 0041.

Unterkunft

Madeira wird überwiegend pauschal gebucht, ein Madeira-Spezialist ist der Veranstalter Olimar (www.olimar.com). Die beiden größten Ferienzentren mit Unterkünften aller Preisklassen sind Funchal und Caniço. Für Individualreisende gibt es etliche kleinere Pensionen und Apartmenthäuser.

Gute Standorte für Wanderer sind:

- Pousada dos Vinháticos (Serra de Agua, ☏ 00351/291706670, www.dorisol.pt). Staatlich geführte Herberge an der Straße zum Encumeada-Pass.
- Residencial Encumeada (☏ 291951282, www.residencialencumeada.com). Nicht allzu teures Berghotel kurz unterhalb vom Encumeada-Pass.
- Hotel Jardim Atlântico (Prazeres, ☏ 291820220, www.jardimatlantico.com). Das Haus liegt aussichtsreich auf 540 m Höhe und ist für sein umweltverträgliches Hotelmanagement bekannt. Eine der besten Adressen Westmadeiras mit vielfältigen Wandermöglichkeiten direkt vor der Haustür.
- Hotel Calheta Beach (Calheta, ☏ 291820300, www.calheta-beach.com). In dem komfortablen Strandhotel lassen sich Wander- und Badeferien ideal miteinander kombinieren. Calheta ist ein guter Ausgangspunkt für Touren nach Rabaçal und Paul da Serra.
- Quinta Alegre (Estreito da Calheta, ☏ 291820480, www.quinta-alegre.de). Kleines Landhotel mit 24 Zimmern in aussichtsreicher Lage im Südwesten, sehr viele Wandergäste.

Günstige Stadthotels in Funchal:

- Residencial Zarco (Funchal, Rua da Alfândega 113, ☏ 291223716, www.residencialzarco.com). Einfache und preisgünstige Pension in der Altstadt.
- Residencial Santa Clara (Calçada do Pico 16 B, ☏ 291742194, Fax 291 743280). Alte Villa etwas oberhalb der Altstadt. Sehr beliebt, es empfiehlt sich, zeitig zu reservieren.

Ein breites Angebot an Landhäusern bietet Madeira Rural (☏ 291520868, www.madeirarural.com). Vornehmlich im sonnigen Südwesten vermittelt die Agentur www.madeira-ferienhaus.de kleine, teils preisgünstige Häuser, interessante Angebote gibt es auch unter www.madeira-nest.de. Komfortabel wohnt es sich in zu Hotels ausgebauten ehemaligen Herrenhäusern (Quintas). Es gibt sie im Großraum Funchal, im Norden und bei Ponto da Sol (www.quintas-madeira.com).

Aussicht von der Pousada dos Vinháticos.

Unmittelbar neben der Gipfelsäule des Pico do Arieiro steht seit 2011 eine Radarstation.

Wettervorhersage
Aktuelle Wetterdaten und eine dreitägige Vorhersage für Funchal gibt es im Internet unter www.wetteronline.de.

Verkehr
Bus: Busfahren ist auf Madeira ausgesprochen preiswert. Von Funchal aus gibt es gute Verbindungen in alle Inselteile, wobei in den Norden und Westen allerdings lange Fahrzeiten einzukalkulieren sind (z.B. nach Santana 2 Std., nach Porto Moniz über 3 Std.). In Funchal gibt es keinen zentralen Busbahnhof, jedes der drei privaten Busunternehmen startet von verschiedenen Haltestellen von der Avenida do Mar. Ein mehr oder weniger aktueller Busplan mit einer Karte der eingezeichneten Abfahrtsplätze wird im Touristenbüro von Funchal verkauft.
Taxi: Taxistände gibt es nur in den Hauptorten. Auf Überlandfahrten wird mitunter ohne Taxameter nach Richtpreisen gefahren.
Mietwagen: Autos sind recht günstig zu mieten, ein zuverlässiger deutschsprachiger Anbieter ist Magos Car in Caniço (✆ 291934818, www.magoscar. com). Nach telefonischer Reservierung wird der Wagen am Flughafen übergeben. Der Fahrer muss mindestens 21 Jahre alt sein. Für die teils sehr engen und kurvigen Bergstraßen ist fahrerisches Können erforderlich. Etwas gewöhnungsbedürftig ist zudem der riskante Fahrstil der Madeirenser.

Fahrpläne der wichtigsten Buslinien

3 FUNCHAL – ESTREITO DE CÂMARA DE LOBOS   Rodoeste
täglich alle 1–2 Stunden   zurück: täglich alle 1–2 Stunden

6 FUNCHAL – ARCO DE SÃO JORGE (via Encumeada)   Rodoeste
täglich 7.35, 13.35 (außer So), 17.35   zurück: täglich 6.40, 14.30

7 FUNCHAL – RIBEIRA BRAVA   Rodoeste
Mo–Fr	alle 1–2 Stunden	zurück: Mo–Fr alle 1–2 Stunden
Sa	6.35, 11.00, 15.30, 17.00	Sa 6.05, 8.05, 11.00, 17.30, 18.50, 22.10
So	10.05, 12.05, 17.00, 20.15	So 7.35, 11.45, 13.30, 15.30, 18.35, 18.55, 22.10

20/21 FUNCHAL – MONTE   Horários do Funchal
täglich hin und zurück alle 15–30 Minuten

23 FUNCHAL – MACHICO (Espressbus)   S.A.M.
Mo–Fr 7–19.30 Uhr alle 30–60 Minuten

53 FUNCHAL – FAIAL (via Airport und Portela)   S.A.M.
Mo–Fr	10.00, 13.15, 17.20, 18.20	zurück:
		Mo–Fr 5.45, 7.40, 10.15, 13.00, 15.40, 17.15
Sa	10.00, 13.15, 17.30	Sa 10.15, 15.40, 17.15
So	18.15	So 13.30

56 FUNCHAL – SANTANA (via Ribeiro Frio)   Horários do Funchal
Mo–Fr 8.10, 10.00   zurück: 12.30, 15.30 (nicht via Ribeiro Frio)

77 FUNCHAL – SANTO ANTÓNIO DA SERRA   Horários do Funchal
(via Camacha + Sítio Quatro Estradas)
Mo–Fr	7.35, 10.30, 14.00, 16.30, 18.00, 19.15	zurück: Mo–Fr 6.30 (via Boqueirão), 7.15, 9.00,
		12.00, 16.15, 18.00, 20.30
Sa	7.40, 10.30, 14.00, 16.30, 18.00	Sa 7.15, 9.00, 16.15, 18.00
So	8.30, 10.30, 14.00, 16.30, 19.15	So 6.50, 9.50, 12.00, 16.15, 18.00

80 FUNCHAL – PORTO MONIZ (via Calheta und Prazeres)   Rodoeste
Mo–Fr 10.00   zurück: 16.00

81 FUNCHAL – CURRAL DAS FREIRAS   Horários do Funchal
täglich zwischen 7.00 und 21.45 Uhr hin und zurück alle 1–2 Stunden
Via Eira do Serrado nur:
Mo–Fr	9.00, 10.00, 11.00
Sa	8.45, 10.00, 11.30
So	11.40

zurück ab Lombo Chão (via Curral das Freiras)
Mo–Fr	11.15, 13.15, 14.30, 16.15
Sa	13.15, 14.30
So	13.00, 14.30

96 FUNCHAL – JARDIM DA SERRA (Corticeiras)   Rodoeste
täglich zwischen 8.00 und 19.00 achtmal täglich   zurück: zwischen 6.00 und 17.40 siebenmal tägl.
(Sa + So drei- bis viermal täglich)   (Sa + So drei- bis viermal täglich)

103 FUNCHAL – ARCO DE SÃO JORGE   Horários do Funchal
(via Faial, Santana und São Jorge)

täglich 7.30, 13.30 (außer So), 16.00 (außer So), 18.00	zurück: täglich 7.20, 12.30 (außer So), 16.30 (via Ribeiro Frio)

---

113 FUNCHAL – CANIÇAL (via Airport und Machico)   S.A.M.

täglich alle 1–2 Stunden bis/ab Baía d'Abra	zurück: täglich alle 1–2 Stunden
Mo–Sa 8.30, 9.00, 11.30, 12.15, 14.30, 15.30, 18.15	zurück: Mo–Sa 10.20, 11.40, 13.00, 13.55, 15.00 16.00, 17.00, 18.00, 19.40 (Mai–Oktober)
So 9.00, 12.15, 15.00, 16.30	So 11.55, 14.00, 17.00, 19.40 (Mai–Oktober)

---

129 FUNCHAL – CAMACHA   Horários do Funchal

täglich zwischen 8.00 und 22.00 Uhr alle 30–60 Min.	zurück: täglich zwischen 7.00 und 19.45 alle 30–60 Min.

139/80 FUNCHAL – PORTO MONIZ   Rodoeste

täglich 9.00 (via São Vicente)	zurück mit Nr. 80: täglich 16.00 (via Ponta do Pargo)

---

142 FUNCHAL – PONTA DO PAGO (via Prazeres)   Rodoeste

täglich 8.05	zurück: 14.30

---

148 FUNCHAL – BOA MORTE   Rodoeste

Mo–Sa 13.05	zurück: Mo–Sa 6.50, 14.30

---

156 FUNCHAL – MAROÇOS (via Machico)   S.A.M.

siebenmal täglich (mit Umsteigen in Machico)

Die Busgesellschaften auf der Insel:
Horários do Funchal, ☏ 291705555, www.horariosdofunchal.pt
Rodoeste, ☏ 291220148, www.rodoeste.pt
S.A.M., ☏ 291201150, www.sam.pt

Anmerkung: Die Fahrpläne können sich ändern.
Bitte erfragen Sie vor jeder Wanderung die aktuellen Fahrzeiten.
Am 25.12. fahren keine Busse.

Funchal und Südküste

Mit 128 000 Einwohnern ist **Funchal** die unbestritten Inselmetropole Madeiras. Die Stadt ist durch die perfekte touristische Infrastruktur, die guten Busverbindungen in alle Inselteile und nicht zuletzt wegen des begünstigten Klimas ein sehr guter Standort für Wanderer. Außer den Touren im Süden sind auch die Ostküste, Curral das Freiras und das Zentralmassiv schnell erreichbar. Funchal avancierte schon vor über 100 Jahren zu einem beliebten Ferienort vornehmlich gut betuchter Engländer. Eine Institution ist das 1891 eröffnete Hotel Reid's, das auch heute noch zu den schönsten Luxushotels der Welt zählt.

Lohnend sind ein Spaziergang durch die Altstadt sowie der Besuch des Botanischen Gartens und des vor Obst und Gemüse überquellenden Mercado dos Lavradores. Von den Sakralbauten ragt die 500 Jahre alte Kathedrale heraus. Sollten Sie am Jahreswechsel auf Madeira sein: Das Silvesterfeuerwerk von Funchal ist weltberühmt und zieht viele Kreuzfahrtschiffe an.

Die Touristenattraktion schlechthin ist eine Fahrt in Korbschlitten, die einstmals das erste Nahverkehrsmittel auf der Insel waren. Gestartet wird vor der Wallfahrtskirche im 550 m hoch gelegenen Villenvorort **Monte**. Das aus Weiden geflochtene Gefährt mit hölzernen Kufen wird von jeweils zwei Schlitten-

Ein lohnender Bummel – die Markthalle der Hauptstadt hält für Auge und Gaumen einen reich gedeckten Tisch bereit.

Das Häusermeer von Funchal zieht sich wie ein Amphitheater die weit geschwungene Bucht hinauf.

führern die 2 km lange Abfahrt bis hinunter in den Funchaler Stadtteil Livramento gesteuert. Ein weiteres Highlight ist die Seilbahn, mit der man über die Dächer von Funchal nach Monte hoch- und wieder hinabschweben kann.

Fast mit Funchal zusammengewachsen ist **Câmara de Lobos**. Das Fischerstädtchen gehört zu den ersten Siedlungsgründungen Madeiras. In kleinen Booten wird der Degenfisch angelandet, auf Gestellen hängen Katzenhaie zum Trocknen in der Sonne. Berühmtester Gast in Câmara de Lobos war Sir Winston Churchill. Auf dem oberhalb vom Hafen nach ihm benannten Aussichtspunkt pflegte der Hobbymaler mit einer dicken Zigarre im Mundwinkel vor seiner Staffelei zu sitzen und die pittoreske Szene unter ihm auf der Leinwand festzuhalten. Die überalterte Fangflotte kann allerdings schon lange nicht mehr mit den modern ausgestatteten ausländischen Fischkuttern konkurrieren.

Ein alternativer Stützpunkt zum großstädtisch geprägten Funchal ist **Ribeira Brava** an der Mündung des gleichnamigen Flusses. Der sonnenverwöhnte Ort an der Südküste bietet eine Hand voll auf Individualreisende eingestellte Mittelklassehotels. Der Ort ist verkehrsmäßig gut an die Wanderregionen von Paul da Serra und Rabaçal angebunden. Wahrzeichen von Ribeira Brava ist der im Schachbrettmuster gekachelte Turm der Pfarrkirche São Bento.

Auf der »Viel-Erfolg-Levada« hoch über Funchal

Wenn ein Biologielehrer aus Funchal seinen Schützlingen die wundersame Inselflora nahebringen will, braucht er nicht weit zu gehen. Oberhalb der Metropole überrascht ein vielfältiges Ökotop, wie es grüner nicht sein könnte. Am »Dschungelpfad« durch das Tal der Ribeira de João Gomes stehen endemische Pflanzen, wildromantische Wasserfälle donnern mit Getöse talwärts. Einziger Minuspunkt: Gegen Ende des Abstiegs dringt aufdringlicher Motorenlärm der nahen Autobahn ans Ohr – doch ansonsten eine grandiose Tour.

Ausgangspunkt: Von Funchal mit dem Stadtbus 20 oder 21 (beide ab Praça da Autonomia) bis zur Endstation Monte, 550 m. Schnell (15 Minuten) und aus-

sichtsreich erreicht man Monte mit der Seilbahn ab der Avenida do Mar in Funchal (täglich 10–18 Uhr).

Rückfahrt: Vom Ortsteil Bom Sucesso fährt man mit einem der gelben Stadtbusse ins Zentrum von Funchal, z.B. mit Nr. 29, 30 oder 31.

Höhenunterschied: 30 m im Anstieg, 360 m im Abstieg.

Anforderungen: Teils sehr steiler Abstieg auf schmalem Pfad. An der Levada gibt es etliche ungesicherte Stellen mit niedriger bis mittlerer Schwindelgefahr. Kurz vor dem Punkt der Tour zerstörte das Unwetter von 2010 eine Brücke, an dieser Stelle muss man eine sehr steile Böschung hinunterklettern.

Einkehr: Café do Parque am Beginn der Tour; Bar an der Bergstation der Seilbahn in Monte und Bar Bom Sucesso am Ende der Tour.

Vom Largo do Fonte, dem zentralen Platz in **Monte** lassen wir das Café do Parque links liegen und biegen rechts in den Caminho das Babosas ein. Der mit Flusskieseln gepflasterte Weg bringt uns nach knapp 200 m zum Startplatz der Korbschlittenfahrer. Geradeaus weitergehend passieren wir kurz darauf den Eingang des Monte Palace Tropical Garden und die Bergstation

Auf der schmalen Levadabrücke sollte man schwindelfrei sein.

der Seilbahn. 2 Minuten später wird der runde Platz **Largo das Babosas** erreicht. Von der Brüstung bietet sich eine Aussicht ins Tal João Gomes an, durch das unsere Route führen wird.

Der Largo das Babosas wird neben einem Kiosk auf einem alten Pflasterweg abwärts verlassen. Eine zweite Bergstation wird passiert, spätestens ab hier haben wir den touristischen Trubel von Monte hinter uns gelassen. Der nun schmalere Pflasterweg zieht weiter talwärts. Links zweigt ein Weg zur Levada dos Tornos ab, wir gehen hier rechts (Schild Levada do Bom Sucesso). Die Vegetation wird dichter, unter Akazien-, Lorbeer- und Eukalyptusbäumen macht sich ein giftgrüner Unterwuchs breit.

Auf einer Brücke wird die **Ribeira de João Gomes** gequert. Der Weg zieht an der östlichen Talseite leicht aufwärts. Während der Pflasterweg gut 5 Minuten darauf links nach Curral dos Romeiros hochführt (Tour 8), verlassen wir diesen geradeaus in einen schmalen Pfad, der steil hangabwärts läuft. Sogleich steigen wir über eine durch einen Erdsturz abgerutschte Passage hinweg. Bald gestuft geht es ein gutes Stück über dem rauschenden Wildbach talwärts.

Auf einer kleinen Lichtung kommen wir an einer kleinen Höhle vorbei, vier Minuten weiter treffen wir auf einen quer verlaufenden Pfad. Rechts bietet sich ein Abstecher zu einem 5 Minuten entfern-

Im Februar blühen Akazien.

ten **Wasserfall** an. Der Pfad führt hautnah an die Kaskade heran. Auf einem Trampelpfad kann zu einem Gumpen abgestiegen werden, dessen glasklares Wasser im Sommer ein kühles Bad erlaubt.

Wieder zurück an der Gabelung gehen wir nun geradeaus weiter. Ein paar Minuten später kommen wir zu einer weiteren Höhle, deren Eingang einst durch ein Bogenportal verschlossen war. Ab und an gilt es, entwurzelte Bäume zu übersteigen, auf dem schmalen Pfad durch den Galeriewald kommt man sich mitunter wie im Dschungel vor. Sobald sich das Blätterdach lichtet, sehen wir über uns die Gondeln der Seilbahn talwärts ziehen, und die Autobahnbrücke rückt näher. Gut 20 Minuten nach der letzten Höhle verzweigt sich der Pfad, wir steigen nun rechts noch steiler als zuvor in 5 Minuten zur **Levada do Bom Sucesso** ab, die hier über eine Brücke geführt wird. Der Kanal, der einst zur Wasserversorgung der Hauptstadt beitrug, liegt seit mehreren Jahrzehnten trocken und wird nicht mehr gewartet. Wir folgen vor der Brücke dem stellenweise ramponierten Kanal zunächst rechts an einer Hausruine vorbei (steigen also dort nicht die Treppe ab) zum ehemaligen Beginn der Levada. Das Tal verengt sich zu einer Schlucht, durch die sich spektakulär ein etwa 30 m hoher weiterer **Wasserfall** zwängt.

Wieder zurück an der anfangs beschädigten Brücke gehen wir nun über diese hinweg. Schwindelfreiheit kann auch bei der kurz danach folgenden leicht ausgesetzten Stelle entlang einer Felswand nicht schaden, an der ein dürftiger Drahtzaun eher eine psychologische Hilfe ist. Wieder rückt die Autobahnbrücke ins Bild, die Motorengeräusche mischen sich verstärkt in das Gurgeln des Flusses – die Zivilisation hat uns wieder eingeholt.

Wir kommen zu einem **Wildbach,** über den bis zum Unwetter im Jahr 2010 eine Brücke half. Hier muss man jetzt eine etwa 3 m hohe Böschung ins felsige Bachbett hinunterklettern. Nach dieser kniffligen Passage setzt sich am anderen Ufer der Levadaweg fort. Nochmals kommen ausgesetzte Stellen, wer nicht ganz schwindelfrei ist, geht hier am besten im Kanal.

Schließlich wird die **Autobahnbrücke** unterquert, die auf zwei riesigen Betonstelzen das Tal der Ribeira de João Gomes überspannt. Im Funchaler Stadtteil **Bom Sucesso** trifft die Levada auf die Rua Dr. Antonio Costa Medico. Wir folgen der Straße Höhe haltend, passieren nach 40 m eine links aufwärtsführende Straße und erreichen 2 Minuten darauf unterhalb der Bar Bom Sucesso die Bushaltestelle.

Rauschender Wasserfall im Flusstal von João Gomes.

Durch die Weinberge im Süden

Nicht nur Wanderer sind auf der Levada do Norte unterwegs, für viele Anrainer ist der Wasserkanal der einzige Zugang zu ihren Häusern und für Kinder ein Spielplatz. In klimatisch bester Lage werden an den Hängen von Estreito de Câmara de Lobos Madeiras Top-Weine gekeltert. Die Weinberge reihen sich beiderseits der Levada zu einem bunten Flickenteppich aneinander und sind im Spätherbst besonders schön, wenn sich das Laub der Reben kupferrot färbt. Ziel der Wanderung ist die spektakuläre Kliffküste am Cabo Girão.

Ausgangspunkt: Anfahrt von Funchal mit Bus 96 nach Estreito de Câmara de Lobos bis zur Haltestelle Levada do Norte, etwa 600 m nach der Kirche.
Rückfahrt: Von Cruz da Caldeira nach Funchal mit Bus 4, 7 oder 154.
Höhenunterschied: 90 m im Anstieg.
Anforderungen: Levadatour ohne Tunnels, für einige stark ausgesetzte Stellen sollte man schwindelfrei sein. Die Levada

war bei der letzten Begehung an einigen Stellen leider von Müll verunreinigt.
Einkehr: Snackbar am Cabo Girão und in Cruz da Caldeira.
Kombi-Tipp: Die Wanderung kann mit Tour 3 zu einer gut 20 km langen sechsstündigen Levadawanderung erweitert werden. Lässt man den Abstecher zum Kap weg, ist für den Tunnel eine Taschenlampe erforderlich.

An der Levada do Norte.

Die Tour beginnt an der Straßengabelung (Busstopp) 600 m oberhalb der Kirche von **Estreito de Câmara de Lobos**. Links in Richtung Jardim da Serra weist nach 20 m ein Schild zur Levada do Norte, die hier die Straße unterquert. Das erste Stück des Kanals ist mit Platten belegt, er führt unter Weinstöcken hindurch. Nach 8 Minuten wird eine Straße gequert. Die Levada läuft dann knapp 100 m an einer Straße entlang und zieht nach den letzten Häusern ins Tal der Ribeira da Caixa hinein. Der Weg wird enger und ist stellenweise ausgesetzt. Vor einem überspringenden Felsen führen Stufen links abwärts und die Engstelle kann auf einem Pfad umgangen werden. Auf der gegenüberliegenden Hangseite kön-

nen wir auf gleicher Höhe den in das Grün geschnittenen Levadaweg erkennen. Auf einem meterbreiten Steg queren wir einen Bachlauf, 5 Minuten darauf wird auf einer weiteren Brücke die **Ribeira da Caixa** gequert.

Ein ausgesetztes Wegstück ist mit einem Geländer gesichert. Die Levada schwenkt aus dem Tal heraus und gibt den Blick auf die Kirche von Garachico frei. In einem Weiler wird eine Teerstraße gequert.

Im Dorf **Nogueira** 25 Minuten darauf stößt die Levada auf die Wand eines Wasserhauses. Wir umgehen das Haus, indem wir links am Geländer die Stufen hinuntergehen und der Pflasterstraße rechts auf-

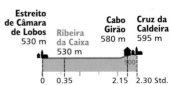

Estreito de Câmara de Lobos 530 m	Ribeira da Caixa 530 m		Cabo Girão 580 m	Cruz da Caldeira 595 m
0	0.35		2.15	2.30 Std.

Oben: In Estreito de Câmara de Lobos wächst die Canina-Traube.
Rechts: In den Ortschaften ist die Levada do Norte gleichzeitig Verkehrsweg und meist mit Platten abgedeckt.

wärtsfolgend die Levada wieder erreichen. 200 m darauf ist der Levadaweg durch einen Erdrutsch zerstört. Die Stelle wird rechts haltend auf einem Pfad umgangen, auf dem wieder die Levada erreicht wird. Kurz darauf wird die ER 229 schräg gequert. Wir erreichen eine Stelle mit einem Loch im Levadaweg, hier stürzt nach Regenfällen ein kleiner Wasserfall herab und macht das Passieren nicht ganz einfach. Unter uns sehen wir die Autobahn in Tunnelröhren verschwinden. Eine Viertelstunde nach der Landstraße stehen wir vor einem Tunnel. (Wer nicht zum Kap will, geht durch den 300 m langen Tunnel und folgt Tour 3 weiter nach Boa Morte.)
Direkt vor dem Tunnel verlassen wir die Levada do Norte und gehen den Pfad geradeaus, der neben einem 20 cm breiten Bewässerungsgraben entlangläuft. 3 Minuten darauf queren wir bei einer Häusergruppe einen Treppenweg. Nach weiteren 7 Minuten endet der Pfad an einem zweiten Treppenweg, auf dem rechts ansteigend in einer Minute eine Straße erreicht wird. Diese bringt uns durch eine Time-Sharing-Anlage in wenigen Minuten hinauf zum **Cabo Girão**, der höchsten Kliffküste Europas. Von der meist von Souvenirhändlern belagerten Aussichtsplattform fällt das Kap 580 m senkrecht ab, der Blick hinunter auf die Terrassen am Meeressaum ist spektakulär (Foto S. 41). Nahe dem Aussichtsbalkon macht eine sehenswerte Fotoausstellung mit der touristischen Entwicklung der Insel bekannt. Vom Kap führt geradeaus eine Straße nach **Cruz da Caldeira**. Der Busstopp nach Funchal ist knapp 100 m links vom Supermarkt.

Westwärts entlang der Levada do Norte

Mit 62 km ist die Levada do Norte der längste Wasserkanal im Südwesten. Der Abschnitt zwischen Cabo Girão und Boa Morte läuft am oberen Siedlungsrand eines weiten Tales entlang und erlaubt schöne Ausblicke auf die zum Meer abfallende Südseite der Insel.

Ausgangspunkt: Von Funchal mit Pkw oder Bus 154 zum Abzweig Cabo Girão in Cruz da Caldeira, 595 m.
Rückfahrt: Von Barreiras mit einem der Überlandbusse. Direkt ab Boa Morte nur Mo–Sa um 14.30 Uhr.
Höhenunterschied: 360 m im Abstieg.
Anforderungen: Die Levada sorgt für eine problemlose Orientierung. An eini-gen ausgesetzten Passagen besteht niedrige bis mittlere Schwindelgefahr. Gegen Ende der Tour langer Abstieg auf einer Straße.
Einkehr: Snackbar in Boa Morte.
Kombi-Tipp: Von Boa Morte aus kann der Levada do Norte weiter bis zum Espigão-Tunnel gefolgt werden, zusätzliche Gehzeit hin und zurück 3.30 Std. (Tour 4).

In **Cruz da Caldeira** nehmen wir zwischen dem Supermarkt und einer Palme, unter der sich ein Brunnen befindet, eine Betonpiste (Caminho do Aviceiro) dorfabwärts. Nach 5 Minuten verlassen wir vor einer scharfen Linkskurve die Piste geradeaus auf einem gut ausgetretenen Pfad. Ein schmaler Wasserkanal begleitet uns, nach 2 Minuten treffen wir auf die **Levada do Norte**, die aus einem langen Tunnel herauskommt. Wir gehen nicht durch den Tunnel, sondern links an der Levada entlang. Vorbei an kleinen Gemüseparzellen stoßen wir auf einen Bachlauf, der an einer Straßenbrücke talwärts plätschert. Vor dem Bachbett steigen wir zur Straße auf, folgen dieser 50 m abwärts und gehen dem Schild »Levada do Norte« folgend auf dem zunächst mit Platten abgedeckten Wasserkanal weiter. Unter uns sehen wir bald das Tal von Campanário, durch das die Autobahn nach Ribeira Brava läuft.

Oberhalb von **Quinta Grande** wird die Levada für ein kurzes Stück zu einem breiten Fahrweg. Der Kanal kreuzt ein Teersträßchen und eine Betonpiste, und wir passieren ein Wasserhaus. Die Levada schwenkt in einen Seitenarm des weiten Tales von Campanário ein. Am nördlichsten Punkt der Route wird auf einer schmalen Betonbrücke die **Ribeira do Campanário** gequert. Ein zweites Levadahaus wird passiert. Kurz darauf führt die Levada in einem

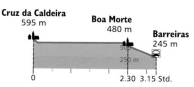

Cruz da Caldeira
595 m
Boa Morte
480 m
Barreiras
245 m
50
250 m
0   2.30 3.15 Std.

weiten Linksbogen um einen Fußballplatz herum. Dabei wird eine Straße gequert, vor uns erhebt sich der kegelförmige Pico Alto (526 m), und bald darauf können wir im Nordosten unseren Ausgangspunkt, das Cabo

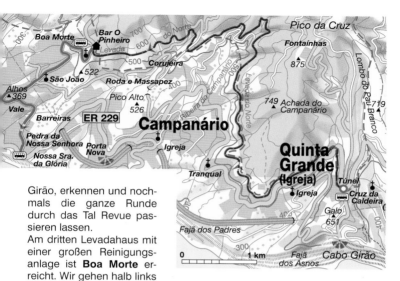

Girão, erkennen und noch-
mals die ganze Runde
durch das Tal Revue pas-
sieren lassen.

Am dritten Levadahaus mit
einer großen Reinigungs-
anlage ist **Boa Morte** erreicht. Wir gehen halb links
den Betonweg zur Straße hinab. Vorbei an der Snackbar O Pinheiro stoßen
wir auf die Dorfkreuzung von Boa Morte. An der Telefonzelle gehen wir links
an dem Café Camelo vorbei und folgen der Straße 45 Minuten hinab nach
Barreiras, wo wir an der ER 229 auf den Busstopp treffen.

Imposanter Tiefblick vom Cabo Girão auf die Gemüsefelder am Meeressaum.

Aussichtsreiche Levadawanderung hoch über der Ribeira Brava

Die Levada do Norte zieht aussichtsreich mitten durch den steil bis senkrecht abfallenden Osthang des Ribeira-Brava-Beckens. Der erste Teil der Wanderung bis Eira do Mourão ist auch für nicht ganz schwindelfreie Wanderer machbar. Am Weg liegen verträumte Weiler, die Ausblicke reichen bis zum Encumeada-Pass.

Ausgangspunkt: Von der ER 229 zweigt zwischen Campanário und Ribeira Brava eine mit »Levada do Norte« ausgeschilderte Straße nach São João und São Paulo ab. An den beiden folgenden Kreuzungen dann immer geradeaus aufwärts, bis nach 3,3 km ab der ER 229 die Snackbar O Pinheiro erreicht wird. Keine für Wanderer geeignete Busverbindung.

Höhenunterschied: Unwesentlich.
Anforderungen: Levadatour ohne An- und Abstiege auf anfangs relativ breitem Weg. Bis Eira do Mourão ist die Schwindelgefahr relativ niedrig. Der Weiterweg bis zum Tunnel setzt dann allerdings absolute Schwindelfreiheit voraus.
Einkehr: Unterwegs keine; Snackbar O Pinheiro in Boa Morte.

Wenige Meter nach der Snackbar O Pinheiro in **Boa Morte** gehen wir den rechts von der Straße abzweigenden Betonweg zu dem 40 m entfernten eingezäunten Wasserhaus hinauf. Wir folgen der Levada do Norte links entgegen der Fließrichtung, queren nach 150 m die Asphaltstraße und tauchen dann in einen Mischwald aus Eukalyptus, Akazien und Kiefern ein.

Endemisches Dickblattgewächs.

Die Häuser von Eira do Mourão sitzen malerisch auf einem Bergsporn.

Die Levada läuft bald ostwärts in das Seitental der **Ribeira Funda** hinein, deren tief eingekerbtes Schluchtbett auf einer Brücke gequert wird. Der gleichnamige Weiler wirkt mit seinen alten Madeira-Häusern ausgesprochen gefällig, obschon etliche davon leer stehen.

Über dem wie auf einem Präsentierteller auf einen Felssporn platzierten **Eira do Mourão** wird eine Zufahrtsstraße gequert. Die nun sehr ausgesetzte Levada zieht weiter an einer steilen Wand entlang nordwärts.

Wir kommen an einem Wasserhaus vorbei. Der Blick öffnet sich bald danach auf Espigão, dessen Häuser auf dem terrassierten Hang vor uns liegen. Der Fuß dieses Hanges wird unser Umkehrpunkt sein. Zuvor umläuft die Levada den halbkreisförmigen Taleinschnitt der Ribeira Espigão, in dessen hinterster Ecke ein mit viel Beton gebauter Überlauf unter einem Wasserfall gequert wird. Wenig später stehen wir vor dem etwa 500 m langen **Espigão-Tunnel**. (Wer will, kann den Tunnel durchqueren und danach der Levada noch einige Minuten folgen, bis der Weg schließlich zu gefährlich wird).

Wir machen vor dem Tunnel kehrt und wandern auf demselben Weg nach **Boa Morte** zurück.

Boa Morte/ O Pinheiro 530 m	Eira do Mourão 530 m	Espigão-Túnel 540 m	Eira do Mourão 530 m	Boa Morte/ O Pinheiro 530 m
		500 m		
0	1.00	1.45	2.30	3.30 Std.

Aussichtsreiche Runde auf breiten Wegen

Der Höhenweg um das fast 1000 m hoch gelegene Fontes ist eine der wenigen möglichen Rundtouren auf Madeira, dazu noch eine ausgesprochen aussichtsreiche. Etliche grasige Hügelkuppen prägen das Hochland, vom Panoramaberg Chão dos Terreiros ergibt sich ein herrlicher Ausblick auf die höchsten Gipfel Madeiras.

Ausgangspunkt: Von der ER 229 zweigt zwischen Campanário und Ribeira Brava eine ausgeschilderte Straße nach São João und São Paulo ab. An den zwei Kreuzungen hält man sich jeweils aufwärts in Richtung São Paulo. Kurz nach der Snackbar O Pinheiro wird die Levada do Norte gekreuzt, dann ein Kieswerk passiert. Nach Eira do Mourão und Espigão abzweigende Straßen bleiben unbeachtet. In São Paulo fährt man nach der Kirche geradeaus (nicht nach Campanário) und erreicht 9 km ab der ER 229 Fontes, 950 m. Auf dem kleinen Dorfplatz vor der Bar Fontes kann man parken.

Höhenunterschied: Knapp 500 m im Auf- und Abstieg.

Anforderungen: Unkomplizierte Wanderung mit langem Aufstieg auf breitem, teilweise steinigem Wirtschaftsweg. Keine Schwindelgefahr. Früher Aufbruch empfohlen, gegen Mittag ziehen oft Wolken auf.

Einkehr: Unterwegs keine; Bar Fontes am Wegeinstieg.

Am Dorfplatz in **Fontes** führt neben der Bar ein von einigen halb verfallenen Madeira-Häuschen gesäumter Teerweg steil bergauf. Am oberen Dorfrand geht der Weg in einen von Maronenbäumen gesäumten Wirtschaftsweg über. Auf dem Hauptweg bleibend wird nach einer guten halben Stunde ein eingezäuntes Haus mit ein paar Picknickbänken im Vorgarten erreicht. Der

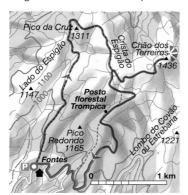

Weg schwenkt hier scharf nach links, an der Gabelung gut 100 m danach steigen wir rechts weiter auf dem Hauptweg aufwärts. Nach knapp einstündigem Aufstieg ergibt sich ein wunderbarer Blick in das Ribeira-Brava-Tal.

Nur noch sanft ansteigend schwenkt der Weg nach Osten, nun können wir unter uns den Weg zurückverfolgen, den wir gerade aufgestiegen sind, bald kommt auch der Pico Grande in Sicht.

Nach einer Gesamtgehzeit von etwa 75 Minuten wird eine Gabelung (1330 m) erreicht. Nach der Bestei-

Von einem Waldbrand heimgesuchter Bergrücken über Fontes.

gung des Chão dos Terreiros werden wir hier rechts abwärtswandern. Wir gehen jedoch zunächst nach links und durchschreiten 100 m weiter ein Gatter. 5 Minuten darauf wird auf Trittstufen ein zweites Gatter überstiegen. Der jetzt grasige Weg läuft auf einen Sattel zu, wobei ein links abgehender Pfad ignoriert wird. In dem kleinen Sattel schwenkt der Weg nach links und verliert sich dann nach etwa 200 m. Rechts haltend leiten uns eventuell Steinmännchen auf eine von Ginster bewachsene Kuppe, bis auf dieser der vierkantige Messpunkt des **Chão dos Terreiros** (1436 m) auftaucht. Kurz nachdem ein Zaun überstiegen ist, stehen wir auf dem Gipfel und können das grandiose Panorama genießen. Bei klarem Wetter lässt sich die Südküste bis zur Hauptstadt Funchal überblicken.

Wieder zurück an der besagten Gabelung wenden wir uns scharf links abwärts. Immer auf der Hauptpiste bleibend wird gut 20 Minuten später das **Forsthaus Trompica** (1180 m) erreicht. Weiter durch nun hochstämmigen Eukalyptuswald dem Hauptweg folgend passieren wir nach einer Furt einen links abzweigenden Weg. Kurz darauf ist ab zwei großen **Wasserspeichern** (1085 m) der Weg betoniert. Die Betonstraße mündet schließlich in die Estrada das Fontes, auf der wir rechts haltend durch eine Siedlung nach einer guten Viertelstunde den Dorfplatz von **Fontes** erreichen.

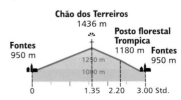

Kurzweilige Levadatour durch das schöne Tal der Ribeira da Tabua

Die Wanderung auf der Levada Nova macht mit dem reizvollen Tal der Ribeira da Tabua bekannt. Anhaltende Landflucht führte dazu, dass so manche der Terrassen an den Talflanken brachliegen. Im Talschluss werden auf kleinen Parzellen etwas Bananen, Süßkartoffeln und Taro angebaut. Mit schönen Aussichten auf Tal und Küstenhänge.

Üppiges Grün säumt den Lauf der Levada Nova.

Ausgangspunkt: Mit Pkw nach Corujeira, 400 m. Dazu fährt man in Ribeira Brava gegenüber der Kirche die schmale Straße hoch, biegt nach 1,5 km rechts in Richtung Furna ab, passiert nach weiteren 2 km eine Grundschule (Escola bâsica) und hält sich an der Gabelung 0,6 km darauf links (nach rechts ist Pomar da Rocha ausgeschildert). 300 m nach der Gabelung wird am Wanderschild »Levada Nova« ein kleiner Parkplatz für maximal 2–3 Pkw erreicht.

Höhenunterschied: Unwesentlich.

Anforderungen: Bequeme Levadawanderung auf meist schmalem, teils ausgesetztem Weg (mittlere Schwindelgefahr). Für den 75 m langen Tunnel ist eine Taschenlampe hilfreich.

Einkehr: Bars in Sitio da Ribeira und Candelária.

Am Levadaschild in **Corujeira** gehen wir die Stufen hinunter und dann auf einem breiten Betonweg knapp 20 m abwärts. An einem kleinen Wasserhaus biegen wir rechts in einen schmaleren Betonweg ein. Dieser läuft zunächst anderthalb Meter unterhalb des Wasserkanals entlang. Die schmale **Levada Nova** macht noch nicht allzu viel her, doch wir genießen bereits einen weiten Ausblick auf die dicht besiedelten Hänge des Tabua-Tals. Auf bald engem Pfad schwenkt die Levada nach Norden und gibt jetzt den Blick auf die Ribeira Tabua frei. Auf der gegenüberliegenden Talseite können wir auf gleicher Höhe den Levadaweg ausmachen, auf dem wir in etwa anderthalb Stunden entlangwandern werden. Die ersten ausgesetzten Passagen lassen nicht lange auf sich warten. Nach einer Viertelstunde wird eine Straße gequert und kurz darauf ein 75 m langer **Tunnel** durchlaufen; an seinem Ende muss man etwas den Kopf einziehen. Danach schmiegt sich der Kanal eng an eine Felswand, zur Linken fällt der Hang steil ab, eine ausgesetzte Passage ist nicht gesichert. Man geht auf dem schmalen Levadamäuerchen. Gut fünf Minuten weiter läuft die hier abgedeckte Levada durch einen Felsdurchbruch, nach diesem kommen weitere stark ausgesetzte Stellen.

47

Kirschbaumblüte im Tabua-Tal.

Im Talschluss berührt die Levada den Weiler **Sítio da Ribeira da Tabua**. Wir queren die vom Talgrund heraufkommende Straße (rechts aufwärts kommt man in 5 Minuten zu einer Bar) und treffen sogleich auf den ersten von drei Zuläufen der Ribeira da Tabua, wobei es eine Furt zu durchwaten gilt (nach starken Regenfällen nicht einfach, kann jedoch ein Stückchen oberhalb auf einer Brücke umgangen werden). Der zweite Flussarm am nördlichsten Punkt der Route wird über einen Steg gequert. Nun läuft die Levada auf der westlichen Talseite wieder meerwärts. Die Furt über den dritten Zufluss kann je nach Witterung feucht und rutschig sein. Wir wandern durch einen kleinen Eukalyptuswald, nach dem die Levada von Straßenlaternen begleitet wird. Am Ortseingang von **Candelária** verschwindet die Levada unter einem Betonweg. Hier ist unser Umkehrpunkt. Sofern man in Candelaria einkehren möchte und dafür 100 Höhenmeter runter und wieder hoch einkalkuliert, folgt man dem Betonweg links steil abwärts. Sobald der Weg geteert ist, steigt man geradeaus haltend einen schmaleren Betonweg an einer Wasserrinne weiter steil zu einer Straße unterhalb des Sportplatzes ab, an der rechts die Bar Candeis liegt.

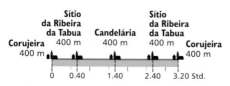

Schwindelerregender Rundweg durch das reizvolle Tal der Ribeira da Ponta do Sol

Lombada da Ponta do Sol liegt malerisch auf einem Bergrücken, der sich vom Meer inseleinwärts zieht. Ausgangspunkt der wunderschönen Levadawanderung ist das Herrenhaus Solar dos Esmeraldos, in dem vor 500 Jahren der flämische Zuckerbaron Jean d'Esmenaut (port. João Esmeraldo) residierte. Die Quelle seines Reichtums waren ausgedehnte Ländereien rund um den Ort, auf denen maurische Sklaven Zuckerrohr anbauten. In der Kapelle Espírito Santo neben dem Landgut befindet sich das Grabmal von Esmeraldo. Zwei dicht übereinanderlaufende Levadawege führen tief ins Tal hinein.

Ausgangspunkt: Von Funchal kommend fährt man auf der Küstenstraße bis zum Ortseingang von Ponta do Sol. An einem Kreisverkehr folgt man der Ausschilderung »Paul da Serra/Canhas«. Auf die ER 222 stoßend hält man sich rechts (Schilder »Lombada / Funchal«) bis Lombada da Ponta do Sol. Oberhalb im Ort kann man bereits das altrosa gestrichene markante Herrenhaus Solar dos Esmeraldos und eine daneben stehende Kapelle ausmachen. Nach 1,3 km biegt man von der ER 222 links in die Estrada Nova da Lombada ab (orangerotes Schild »Levada Nova / Levada do Moinho«). 1,2 km darauf geht es scharf links den Caminho da Carreira weiter, auf dem man, die Straße rechts hoch zur Levada Nova ignorierend, geradeaus kurz darauf die Kapelle und das Herrenhaus in Lombada, 300 m, erreicht.

Höhenunterschied: 110 m.

Anforderungen: Die Tour setzt absolute Schwindelfreiheit voraus, sowohl an der Levada Nova als auch an der Levada do Moinho sind etliche stark ausgesetzte Stellen nicht gesichert. Zum Schutz vor Zecken empfehlen sich lange Hosen. Für den Tunnel benötigt man eine Taschenlampe, für den Wasserfall Regenbekleidung.

Einkehr: Unterwegs keine; Bar in Lombada da Ponta do Sol.

Vom **Solar dos Esmeraldos** gehen wir auf der Straße 150 m bis zum Schild »Levada Nova« zurück und steigen links steil den Caminho das Pedras/Pereirinha auf. Nach gut 10 Minuten, etwa 50 m bevor der Caminho auf eine Querstraße trifft, gehen wir links den anfangs von einem Geländer gesäumten schmalen Betonweg hinauf, der bald als Treppenweg die **Levada Nova** erreicht. Wir folgen dem zunächst abgedeckten Kanal links. Am Wegrand blühen im Sommer blaue Afrikanische Liebesblumen, im Winter trichterförmige weiße Zimmer-Calla, tief unter uns sprudelt die Ribeira da Ponta do Sol. Man geht die ganze Zeit auf dem etwa 40 cm breiten

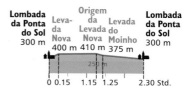

Mäuerchen der mitunter stark ausgesetzten Levada, die an der rechten Talflanke immer tiefer landeinwärts läuft. Besonders pittoresk, doch schwindelerregend ist ein von rankendem Efeu begrüntes Wegstück. Meerwärts haben wir einen schönen Blick zurück auf die Kapelle am Ausgangspunkt der Wanderung.

Nach einer guten Dreiviertelstunde auf der Levada wird ein 200 m langer **Tunnel** erreicht. Man kann das andere Ende sehen und kommt leicht gebückt gehend, doch ansonsten bequem und trockenen Fußes wieder ans Tageslicht. Doch nun wird es feucht. Vor uns hat sich ein **Wasserfall** (siehe Bild Seite 11) eine breite Rinne aus dem Fels gewaschen und stürzt spektakulär mit donnerndem Getöse auf das Levadamäuerchen – im Winter kommt man um eine Dusche nicht herum. (Nach starken Regenfällen gilt es von Fall zu Fall abzuwägen, ob die Stelle passierbar ist.)

Die Levada hat nun fast zu dem steinigen Flussbett aufgeschlossen, links passieren wir einen talwärts laufenden Trampelpfad und kurz darauf einen Wasserrechen mit einem kleinen Becken, von dem eine Nebenlevada ins Tal rauscht. Schließlich wird die **Quelle der Levada Nova** erreicht, die Felsen im Flussbett bieten Rastplätze.

Von der Quelle gehen wir an der Levada zurück und erreichen zwei Minuten nach dem Wasserrechen einen abzweigenden Pfad, eventuell markiert ein Steinmännchen die Stelle. Wir steigen auf dem schmalen, steilen Pfad zur 30 Höhenmeter tiefer gelegenen **Levada do Moinho** ab.

Der schmale Kanal der Mühlenlevada, mit deren Wasser früher die Zuckermühle des Solar dos Esmeraldos betrieben wurde, läuft zunächst über dem Flussbett quasi eine Etage unter der Levada Nova talauswärts. Auch hier gibt es etliche nicht gesicherte ausgesetzte Passagen, an manchen Stellen

Die Wanderung im Tal der Ribeira da Ponta do Sol setzt Schwindelfreiheit voraus.

ist der Sicherungszaun durch Erdrutsche zerstört. Auch die Levadamauer hat gelitten, eine Engstelle kann auf Stufen umgangen werden.
Bald kommt die Kapelle wieder in Sicht, bis uns die Levada schließlich an deren Rückseite wieder zum **Solar dos Esmeraldos** zurückbringt.

Auf der Liebesblumenlevada in ein exotisches Blumenparadies

Monte hält mit der Wallfahrtskirche, dem Startpunkt der Korbschlittenfahrten und dem Monte Palace Tropical Garden gleich drei touristische Top-Attraktionen von Madeira bereit. Entsprechend groß ist das Gedränge am Wegeinstieg, doch schon nach wenigen Minuten verläuft sich der Rummel und eine beschauliche Wanderung nimmt ihren Anfang. Krönender Abschluss ist der Besuch im weltberühmten Botanischen Garten von Funchal.

Ausgangspunkt: Von Funchal mit dem Stadtbus 20 oder 21 (beide ab Praça da Autonomia) bis zur Endstation Monte, 550 m. Schnell (15 Minuten) und aussichtsreich erreicht man Monte mit der Seilbahn ab der Avenida do Mar in Funchal (täglich 10–18 Uhr).
Rückfahrt: Vom Botanischen Garten mit Bus, Taxi oder Seilbahn nach Funchal.

Höhenunterschied: 110 im Anstieg und 375 m im Abstieg.
Anforderungen: Einfache Levadatour mit einem steilen Schlussabstieg auf kaum befahrenen Teerstraßen. Niedrige Schwindelgefahr.
Einkehr: In Monte gibt es ein Café am Wegeinstieg, unterwegs die Bar Alto da Vista am Largo do Miranda.

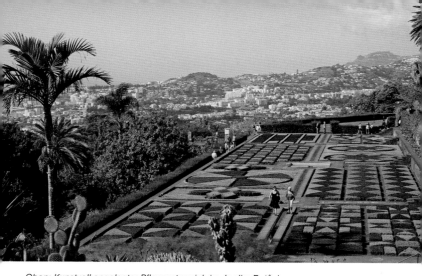

Oben: Kunstvoll angelegter Pflanzenteppich im Jardim Botânico.
Links: Korbschlittenfahren – früher ein lokales Transportmittel, heute Touristenspaß.

Vom Hauptplatz (Largo do Fonte) in **Monte** lassen wir das Café do Parque links liegen und biegen rechts in den Caminho das Babosas ein. Der schön mit Flusskieseln gepflasterte Weg bringt uns nach knapp 200 m zum Startplatz der Korbschlittenfahrer. Geradeaus weitergehend, werfen wir kurz einen Blick hoch zur berühmten Wallfahrtskirche Nossa Senhora do Monte und passieren kurz darauf den Eingang des Monte Palace Tropical Garden und die Bergstation der Seilbahn. Nach wenigen Minuten wird der **Largo das Babosas** erreicht, an dem das Unwetter im Februar 2010 die Kapelle Nossa Senhora da Conceição komplett zerstörte (Wiederaufbau geplant). Von der Brüstung des Platzes bietet sich eine feine Aussicht ins Tal der Ribeira de João Gomes.

Der Platz wird neben einem Kiosk auf einem alten Pflasterweg verlassen. Der Weg führt bald unterhalb von einer zweiten Seilbahnstation weiter abwärts.

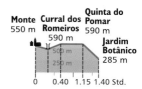

Knapp 5 Minuten nach dieser gehen wir an der Gabelung rechts. (Wer hundertprozentig schwindelfrei ist, kann hier links zur Levada dos Tornos aufsteigen und dieser rechts nach Curral dos Romeiros folgen.) Ein Stück weiter abwärts wird auf einer **Brücke** das tief eingeschnittene Bett der Ribeira de João Gomes überquert.

Königsprotea im Botanischen Garten.

Nach der Brücke bringt uns der Pflasterweg nach **Curral dos Romeiros** hinauf. Am Ortseingang ergibt sich ein wunderbarer Ausblick auf den Hafen von Funchal. Von dem Aussichtspunkt wird nach 100 m die quer verlaufende Dorfstraße erreicht. Wir queren diese und nehmen geradeaus haltend eine etwas schmalere Straße, die sanft ansteigt und bei einer Häuserzeile nach etwa 50 m in eine gepflasterte Gasse übergeht. Sobald der Pflasterweg nach rechts abwärtsschwenkt, halten wir uns links und steigen eine kurze Treppe zur **Levada dos Tornos** auf.

Der anfangs abgedeckte Kanal läuft aus dem Ort heraus durch einen Mischwald aus Eukalyptusbäumen und Kiefern, am Weg blühen im Sommer Afrikanische Liebesblumen. Gut 20 Minuten nach Curral dos Romeiros wird eine Straße gequert. Die Levada führt nun durch das Privatgelände des **Choupana Hills Resort**. Auf einem Schild werden die Wanderer gebeten, innerhalb der Bungalowanlage den Levadaweg nicht zu verlassen.

Knapp 10 Minuten nach Choupana Hills treffen wir vor dem Grundbesitz der **Quinta do Pomar** abermals auf ein Sträßchen. Hier verlassen wir die Levada rechts abwärts, nach 20 m können wir links einen Blick auf die eingezäunte Hauskapelle der Quinta werfen. Nach knapp 10-minütigem sehr steilem Abstieg schwenkt das Sträßchen nach links, hier gehen wir geradeaus in einen schmaleren Teerweg hinein, der von Stufen begleitet mit Funchal-Blick weiter steil abfällt.

An der Bar Alto da Vista am **Largo do Miranda** wird der Caminho das Voltas gekreuzt und weitere 10 Minuten unterhalb davon schließlich der Eingang zum **Jardim Botânico** erreicht. Die Haltestelle der Stadtbuslinie 31 befindet sich ein paar Schritte oberhalb davon, Taxis warten ein Stück weiter unten. Wer will, kann nach der lohnenden Besichtigung des Botanischen Gartens auch mit der Seilbahn wieder ins Zentrum von Funchal hinabschweben.

Auf der Levada da Serra durch das Paradiestal

Camacha ist das größte Kunsthandwerkszentrum der Insel, die große Verkaufsausstellung im Café Relógio befindet sich direkt am zentralen Largo da Achada, an dem die Wanderung beginnt. Die unschwierige Tour verläuft zunächst entlang der stillgelegten Levada da Serra. Von dieser wird auf einem steilen Sträßchen zur Levada dos Tornos abgestiegen, die hoch über Funchal den Villenvorort Monte erreicht.

Ausgangspunkt: Von Funchal aus mit dem Bus 129 nach Camacha, 700 m.
Rückfahrt: Von Monte mit Stadtbus 20/21 oder der Seilbahn zurück nach Funchal.
Höhenunterschied: 180 m im Aufstieg und 330 m im Abstieg.

Anforderungen: Leicht begehbare Levadatour mit kurzen steilen An- und Abstiegen. Niedrige Schwindelgefahr.
Einkehr: Snackbar Moisés in Achadinha, Kiosk am Largo das Babosas, Café in Monte.

Von der Bushaltestelle am zentralen Platz Largo da Achada in **Camacha** gehen wir ein paar Schritte zurück und folgen der Straße nach Santo António da Serra aufwärts. Vorbei an Post und Kirche biegen wir nach 200 m links in ein Sträßchen ein (Schild »Levada da Serra do Faial«). Das zunehmend stei-

Herbststimmung an der trockengelegten Levada da Serra.

Die Wallfahrtskirche von Monte.

ler werdende Sträßchen läuft in einen Ortsteil von Camacha hinauf. Mitten im Anstieg erreichen wir eine Viertelstunde ab der Hauptstraße an einer Kreuzung die unter Betonplatten versteckte Levada und biegen zwischen zwei Häuschen links ab. Bald bleiben die letzten Häuser zurück und wir durchwandern ein sattgrünes Tal.

In **Achadinha** verliert sich die Levada für ein kurzes Stück. An der Snackbar Moisés stoßen wir auf eine Kreuzung und gehen auf der Asphaltstraße geradeaus ortsauswärts. Nach 150 m führen rechts an einem Busstopp Treppenstufen wieder zur Levada hinauf.

Wieder geht es durch eine dschungelartige Vegetation. Wir wandern in einem weiten Bogen durch das **Vale Paraíso**. Eine Wegstunde nach Achadinha wird die ER 203 gequert. Die Levada läuft nun durch einen dichten Wald, der mit einem Restbestand von Lorbeerbäumen durchmischt ist. Stellenweise ist die Levada völlig verschüttet, doch der Weg ist tadellos in Schuss. Etwa eine halbe Stunde nach der ER 203 wird eine Hausruine erreicht, nach der links ein Weg abwärtsläuft. Wir gehen hier Höhe haltend geradeaus weiter, bis die Levada 10 Minuten darauf an einer quer verlaufenden Pflasterstraße unvermutet endet. Wir steigen steil auf der Pflasterstraße ab, kreuzen eine Straße und gehen auf dem nun geteerten Sträßchen

(Caminho do Meio) weiter abwärts. An der Zufahrt zum Campo do Pomar (Fußballstadion) vorbei werden bald die ersten Häuser von **Choupana** erreicht.

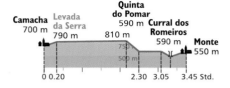

An einer Gabelung gehen wir weiter bergab (rechts geht es zum Choupana Hills Resort) und gelangen nach zwei Minuten an der **Quinta do Pomar** an die **Levada dos Tornos** (Tour 8). Wir folgen dem Kanal nach rechts und durchlaufen nach wenigen Minuten das Privatgrundstück des **Choupana Hills Resort**. Nach der Bungalowanlage (es wird gebeten, innerhalb dieser den Levadaweg nicht zu verlassen) quert die Levada dos Tornos eine Straße.

20 Min. später verschwindet in **Curral dos Romeiros** die Levada unter einem Haus. Ein paar Schritte davor gehen wir von dem hier abgedeckten Kanal links eine Treppe hinab und folgen dem Pflasterweg halb rechts durch eine Häuserzeile. 75 m darauf queren wir geradewegs die Dorstraße und genießen am Ortsausgang nach 100 m die Aussicht auf den Hafen von Funchal. Von dem Aussichtsplatz steigen wir auf altem Pflasterweg zur Brücke ins Tal der Ribeira de João Gomes ab und auf der anderen Talseite hinauf zum **Largo das Babosas**. Wer will, kann bereits hier die Seilbahn oder einen Stadtbus nach Funchal nehmen. Folgt man von Babosas dem Weg Höhe haltend weiter, kommt man nach dem Eingang des sehenswerten Monte Palace Tropical Garden und dem Startplatz der Korbschlittenfahrer (ein paar Schritte oberhalb befindet sich die berühmte Wallfahrtskirche Nossa Senhora do Monte) zum Largo do Fonte in **Monte,** von dem ebenfalls Busse abfahren.

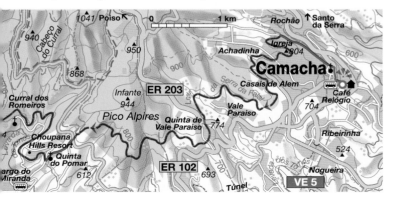

Der Osten und Ribeiro Frio

In **Caniço** ist in den letzten beiden Jahrzehnten ein von deutschen Gästen bevorzugter Ferienort entstanden. Der Ortsteil Caniço de Baixo entlang der Steilküste garantiert ruhige Urlaubstage, doch ohne eigentliches Zentrum fehlt die Atmosphäre, die von einem Ferienort erwartet wird. Viele Gäste wissen allerdings den Steinstrand von Reis Magos sowie die beiden Badeplätze Lido Galomar und Lido Rocamar zu schätzen, wo nach einem Wandertag noch eine Runde im Meer geschwommen werden kann.

Auf der nahe gelegenen Ponta do Garajau thront weithin sichtbar eine Christusstatue. Die Küstenzone um das Kliff ist als Unterwasserschutzgebiet ausgewiesen, in dem Fischen nicht erlaubt ist. Die Zone ist besonders bei Tauchsportlern beliebt, es gibt mehrere Tauchschulen.

In der hübschen Bucht von **Machico** landete 1419 der Entdecker João Gonçalves Zarco und nahm die damals unbewohnte Insel für Portugal in Besitz. Von dem kleinen Hafen der heute drittgrößten Stadt von Madeira wird Thunfischfang betrieben und werden Bootsausflüge zur Halbinsel São Lourenço und auf die Vogelinseln der Desertas organisiert. Entlang der Levada do Caniçal lassen sich Touren in das von sanften Hügelketten geprägte grüne Hinterland unternehmen.

Zum Meeresschwimmbad von Caniço de Baixo führt ein Lift die Steilküste hinunter.

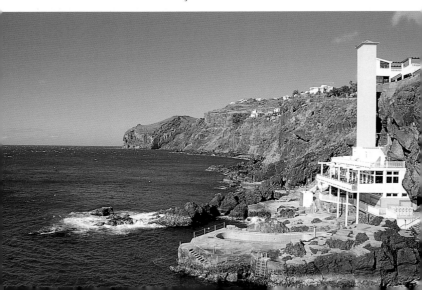

Typisch Madeira – fruchtbare Terrassenlandschaft bei Cruzinhas.

Am Fuß des Pico do Facho durchstechen zwei lange Straßentunnels den Bergrücken zwischen Machico und **Caniçal**. Der Landstrich um den einstigen Walfängerort ist die trockenste Region von Madeira. Besonders über der weit ins Meer geschobenen Landzunge Ponta de São Lourenço finden die Passatwolken kein Hindernis und fegen mitunter böig über die vegetationsarme Felslandschaft hinweg. In der von weichen Ockertönen dominierten kargen Szenerie fühlen sich lediglich anspruchslose Opuntien und Wolfsmilchgewächse wohl. Bis 1981, als Portugal das Washingtoner Artenschutzabkommen anerkannte, wurde von Caniçal aus den Pottwalen nachgestellt. In vier Jahrzehnten brachte man fast 6000 der bis zu 20 m langen Säugetiere zur Strecke, deren traniges Fett in der Kosmetikindustrie begehrt war. Fleisch und Knochen wurden in einer Fabrik zu Viehfutter und Düngemittel verarbeitet.

Nur ein Dutzend Kilometer von der trockenen Ostküste landeinwärts liegt mit **Ribeiro Frio** auf 850 m Höhe eines der Feuchtgebiete der Insel. In der sattgrünen Region um den »kalten Fluss« finden sich noch ausgedehnte Laurazeenwälder mit etlichen Pflanzen, die nur auf Madeira wachsen. Sehenswert ist zudem die staatliche Forellenstation. In den von Bergwasser gespeisten Becken werden jährlich 80 000 Fische gezüchtet. Gegenüber der Forellenzucht wurde jüngst ein botanischer Lehrpfad angelegt, der mit der endemischen Inselflora bekannt macht. Ribeiro Frio ist Ausgangspunkt für zwei der populärsten Levadatouren von Madeira.

Auf der beschaulichen Levada do Caniço nach Assomada

Vom Korbflechterdorf Camacha führt ein alter Verbindungsweg hinunter in den fast ausgestorbenen Weiler Salgados und ein idyllischer Levadaweg weiter durch das abgeschiedene Porto-Novo-Tal. Auf dem gut erhaltenen gerundeten Pflasterweg verkehrten noch bis vor wenigen Jahrzehnten Ochsenkarren. Trotz der Kürze eine lohnende Tour.

Ausgangspunkt/Rückfahrt: Von Funchal aus mit Bus 129 nach Camacha, 700 m. Zurück von Assomada (230 m) mit einem der Busse auf der Küstenstraße. Autofahrer parken am besten in Assomada und lassen sich mit dem Taxi nach Camacha bringen.
Höhenunterschied: 470 m im Abstieg.
Anforderungen: Steiler Abstieg auf einem altem Pflasterweg (bei Nässe rutschig), dann bequeme Levadawanderung. An einigen wenigen ausgesetzten Passagen niedrige bis mittlere Schwindelgefahr. Der Weg ist stellenweise stark verwachsen, es empfehlen sich lange Hosen.
Einkehr: Kleine Bar in Salgados und Restaurants in Assomada.
Hinweis: Im Herbst 2010 kam es auf der Tour zu einem Überfall.

Von der Bushaltestelle am Largo da Achada in **Camacha** gehen wir auf das am Uhrenturm erkennbare Café Relógio zu. Wir passieren eine Kapelle und das Gesundheitszentrum (Centro de Saúde) und verlassen den Platz rechts auf einem u.a. mit »Assomada / Caniço« ausgeschilderten Sträßchen. Die Straße läuft steil bergab, nach 250 m halten wir uns rechts und kommen einige Minuten darauf an der Bar Eira Salgada vorbei, rechts führt eine Pflasterstraße zur Levada dos Tornos (Tour 15) hinab.

Wir gehen jedoch 20 m weiter geradeaus abwärts auf das große Schulgebäude zu. Kurz davor biegen wir links (Sackgasse-Schild) auf einen anfangs geteerten, wenig später gepflasterten Weg ein, der steil abwärtsführt. Wir durchlaufen den malerisch an die Flanke des Porto-Novo-Tales geschmiegten Ortsteil **Salgados**. Der Treppenweg wird enger, holpriger und noch steiler und trifft schließlich am unteren Ortsrand auf die **Levada do Caniço**, der wir

Auf »Ochsenfuß-Pflaster« geht es nach Salgados hinab.

in Fließrichtung folgen. Am Weg stehen Kopfweiden, die den Rohstoff für die in den umliegenden Dörfern weit verbreitete Korbflechterei liefern. Bald liegt uns das ganze Porto-Novo-Tal zu Füßen, vor uns lässt sich die Silhouette der Ilhas Desertas ausmachen.

Ein etwa 15 m langer Tunnel wird durchwandert, eine Taschenlampe ist nicht erforderlich. Am Talausgang schauen wir auf die das Tal überspannende Brücke der Küstenstraße.

Kurz vor den ersten Häusern von Assomada begleitet ein Betonweg die Levada, links wird ein kreisrunder Wassertank passiert. Vor dem ersten Haus am Weg verlassen wir an einer Wasser-reinigungsanlage die Levada und biegen links in einen Betonweg ein, der zur schon sichtbaren Straße abwärtsläuft. Diese gehen wir links bergab und erreichen nach gut 15 Minuten die Kirche von **Assomada**. Der Busstopp liegt 50 m unterhalb der Kirche direkt an der ER 204.

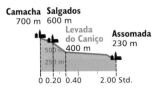

61

11 Über den Pico do Facho nach Caniçal

2.00 Std.

Auf dem Walfängersteig die Ostküste entlang

Auf dem alten Walfängersteig zeigt sich Madeira von seiner trockenen Seite. Entlang der Ostküste setzen anspruchslose Feigenkakteen grüne Punkte in der ansonsten ockerfarbenen Landschaft. In Caniçal dokumentiert ein Walmuseum (Museu da Baleia) die bewegende Geschichte der Walfänger, die bis in die 1980er-Jahre den Pottwalen nachstellten.

Ausgangspunkt/Rückfahrt: Von Funchal Bus 113 bis zur Abzweigung Pico do Facho direkt vor dem alten Caniçal-Tunnel, 220 m. Zurück ab Caniçal ebenfalls mit dem 113er. Pkw-Fahrer verlassen die Autobahn in Machico Norte, halten sich am ersten Kreisel auf der ER 214

in Richtung Caniçal/Pico do Facho und fahren dann am zweiten Kreisel nicht rechts ins Zentrum, sondern geradeaus bis zum Westportal des alten Caniçal-Tunnels. Parkmöglichkeit direkt davor an der Zufahrt zum Pico do Facho.
Höhenunterschied: 100 m im Aufstieg und 320 m im Abstieg.
Anforderungen: Steiniger, stellenweise stark verwachsener, schattenloser Küstenpfad. Es empfehlen sich lange Hosen.
Einkehr: Bar Ribeira Natal (nur im Sommer) am gleichnamigen Strand; in Caniçal gibt es rund um den Dorfplatz mehrere Snackbars.

Die Bucht von Machico vom Pico do Facho gesehen.

Vor dem alten **Caniçal-Tunnel** biegen wir in die mit »Pico do Facho« ausge-schilderte Straße ein. Nach einer Viertelstunde zweigt auf einem Sattel vor einem Strommast links ein Erdweg ab. Wir gehen jedoch zunächst zum **Pico do Facho** (322 m) hoch. Der »Fackelberg« war früher ein Piratenausguck. Sobald ein Boot gesichtet wurde, brannte man ein Leuchtfeuer ab, um die Verteidigungskräfte zu mobilisieren. Von der Picknickzone unterhalb der Sendemasten hat man eine feine Aussicht auf die Bucht von Machico. Zurück am Strommast folgen wir rechts dem Erdweg. Wir genießen zu-nächst das Panorama auf die weit ins Meer hinaus gestreckte Halbinsel São Lourenço. Nach gut 150 m zweigt links von der Erdpiste ein Trampelpfad ab, wir gehen noch 20 m weiter und nehmen dann erst links den Pfad (die Piste läuft rechts abwärts zu einem weiteren Strommast). Der steinige und verwach-sene Pfad führt in ein Tal hinab und im Gegenanstieg zu einem **Strommast** hinauf. Vom Mast lässt sich auf den Hafen von Caniçal hinunterschauen. Vom Strommast halten wir uns auf dem felsigen Grat ein paar Schritte insel-einwärts, um dann wieder auf den Steig zu treffen, der bald durch ein Wäld-chen talwärts läuft. An einer undeutlichen Verzweigung (roter Punkt) halten wir links (der Pfad rechts abwärts verliert sich nach wenigen Minuten) zu ei-nem etwa 150 m entfernten **Felsvorsprung**. Dieser wird Höhe haltend um-laufen. Nach zunehmend steilem Abstieg erreichen wir eine alte **Bogenbrü-cke**, hinter der wir auf eine Teerstraße treffen. Auf dieser gelangen wir rechts nach 100 m zu dem steinigen Strand und Bootsanleger an der **Praia Ribeira de Natal**. Nach einem Badestopp schlendern wir auf dem Promenadenweg (Passeio Marítimo) nach **Caniçal**. Am Restaurant Cabrestante vor dem Ha-fen kommen wir links hoch zu Kirche, Taxiplatz und Bushaltestelle.

Spektakuläre Felsenküste im östlichsten Inselzipfel

Beim Landeanflug auf Madeira vermittelt die in der Einflugschneise gelegene Halbinsel einen Eindruck, der gar nicht so recht ins Klischee von der immergrünen Blumeninsel passen will. Zwar überzieht nach regenreichen Wintern ein grüner Grasflaum die wie einen Finger weit ins Meer geschobene Halbinsel, im Sommer präsentiert sie sich dagegen bis auf anspruchslose Mittagsblumengewächse völlig vertrocknet. Die wildromantische Küste macht die Wanderung zu einer viel begangenen Tour – geboten wird ein felsiges Kontrastprogramm zu den immergrünen Levadawegen.

Ausgangspunkt: Von Machico aus fährt man auf der VR 1 bis zum Ende der Autobahn am Freihandelshafen (Zona Franca) von Caniçal; von dort wird der Ausschilderung nach Ponta São Lourenço gefolgt, bis die Straße nach 5 km am Parkplatz über der Baía d'Abra endet. Mit Bus 113 nach Baía d'Abra.
Höhenunterschied: Jeweils 340 m im An- und Abstieg.
Anforderungen: Einfache Wanderung auf mitunter felsigen Pfaden, ausgesetzte Stellen sind gesichert. Für den sehr steilen Anstieg zum Morro do Furado ist Trittsicherheit erforderlich. Mitunter bläst auf der Halbinsel São Lourenço ein starker Wind. Kein Schatten! Badesachen nicht vergessen!
Einkehr: Mobiler Kiosk am Parkplatz (nur in der Saison) und Beach Bar in Prainha.
Tipp: Auf halbem Weg zwischen Caniçal und Baía d'Abra erreicht man Prainha (Bushaltestelle). Der feinsandige Naturstrand bietet eine der besten Bademöglichkeiten auf Madeira (siehe Foto S. 21).

Am Parkplatz oberhalb der **Baía d'Abra** am Ende der Straße macht eine Infotafel mit der Route und den Besonderheiten der Halbinsel São Lourenço bekannt, daneben weist ein Wanderschild (PR 8) in Richtung Cais do Sardinho. Ein Pfad führt in ein kleines Tal hinab und von dort auf nicht zu verfehlendem Bohlenweg weiter. Wenn wir den Blick über die Halbinsel schweifen lassen, können wir ein kreisrundes Felsentor über dem Wasser ausmachen, darüber erhebt sich der markante Gipfel des Morro do Furado (der »Durchlö-

Die schmale Landbrücke markiert die engste Stelle von São Lourenço.

cherte«), an dessen Fuß die von einem kleinen Palmenhain umringte Casa do Sardinha erkennbar ist. Nach einer Viertelstunde wird ein Pfad gekreuzt. Auf einem Trampelpfad könnte man hier rechts zum steinigen Strand der Bucht absteigen, links erreichen wir nach wenigen Schritten einen spektakulären **Aussichtspunkt** auf die bizarr geformte Küste (siehe Foto Seite 1). Zurück auf dem Hauptpfad beginnt nun ein steiler kurzer Anstieg. Über einen felsigen Grat geht es auf einem von einem Drahtseilzaun gesicherten gestuften Pflasterweg zu einem weiteren Aussichtspunkt hinauf, wieder mit imposanten Ausblicken auf eine von Gesteinsgängen durchzogene Steilwand. Der Pfad führt im weiten Bogen an der Südseite der Halbinsel um die Abra-Bucht herum. In Höhe der im Meer schwimmenden runden Fischzuchtanlage läuft der Weg über eine nur wenige Meter breite **Landbrücke.** Der Fels fällt zu beiden Seiten fast 100 m senkrecht ab – die engste Stelle der Halbinsel ist ebenfalls mit einem Zaun gesichert. Wir nähern uns der **Casa**

Oben: In den Wintermonaten ist die Halbinsel von einer lindgrünen Grasflur überzogen.
Rechts: Bizarre Felstürme vor der Nordküste von São Lourenço.

do Sardinha, die von Dattelpalmen umringt wie eine Oase aus der rostrot bis currygelb eingefärbten Landschaft heraussticht. Ein gutes Stück vor dem Haus hat die Umweltbehörde einen Rundweg angelegt. Wir wenden uns zunächst nach links. Bevor der Pfad zum Haus schwenkt, genießen wir die Aussicht auf die nördliche Seite der Halbinsel. Der Pfad läuft dann oberhalb von der Casa do Sardinha vorbei, in der eine Dependance der Umweltbehörde untergebracht ist. Wir verlassen den Rundweg und beginnen nun links den steilen Anstieg zum **Morro do Furado**. (Eventuell weist ein Schild auf den erhöhten Schwierigkeitsgrad des Anstiegs hin, der stark erodierte Steig bleibt trittsicheren Wanderern vorbehalten.) Oben angekommen zeigt sich der »Durchlöcherte« als ein Berg mit einer Doppelspitze. Von dem 3 m höheren Ostgipfel genießen wir ein spektakuläres Panorama zum Leuchtturm auf der Ilhéu do Farol, dem östlichsten Punkt Madeiras. Zum Greifen nahe zeigen sich die Desertas-Inseln und bei klarer Sicht auch Porto Santo. Sofern es nicht allzu windig ist, ein fantastischer Rastplatz!

Wir steigen wieder zum Rundweg ab, der ein kurzes Stück über der Südküste entlangläuft. Auf einem Treppenweg können wir die Steilküste zum **Cais do Sardinha** hinuntergehen und dort bei ruhiger See die Füße ins Wasser baumeln lassen. An den Picknickbänken oberhalb der kleinen Bucht hält man sich links über die Bohlenbrücke und steigt wieder zum Beginn des Rundwegs auf. Von dort auf bekanntem Pfad zurück zur **Baía d'Abra**.

Gemütlicher Spaziergang entlang der Levada do Caniçal

Die Levada do Caniçal ist der einzige Bewässerungskanal im trockenen Nordosten Madeiras. Für den Bau der Levada bohrte man 1949 einen 750 m langen Tunnel durch den Bergrücken am Fuß des Pico do Facho, der einige Jahre später für den Autoverkehr verbreitert wurde. Der Reiz der Wanderung liegt im Wechsel von dicht besiedeltem Kulturland und tief eingeschnittenen stillen Tälern mit ursprünglicher Natur. Besonders lieblich zeigen sich die Seitentäler der Ribeira de Machico im Frühjahr zur Zeit der Akazienblüte. Auf halbem Weg lädt direkt an der Levada eine einfache Landbar zur Einkehr.

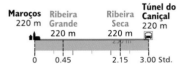

Maroços	Ribeira		Ribeira		Túnel do
220 m	Grande		Seca		Caniçal
	220 m		220 m		220 m
		220 m			
0	0.45		2.15	3.00 Std.	

Ausgangspunkt: Von Funchal aus mit Bus 156 nach Maroços bis zur Bar A Calçadinha, 220 m. Pkw-Fahrer verlassen von Machico kommend die Schnellstraße in Richtung Santana direkt nach dem Túnel das Cales und parken vor der Bar A Calçadinha.

Rückfahrt: Nach Funchal vom Caniçal-Tunnel (220 m) mit Bus 113. Nach Maroços zurückmuss in Machico umgestiegen werden.

Höhenunterschied: Unwesentlich.

Anforderungen: Einfache 12 km lange Levadawanderung, mit geringer Schwindelgefahr.

Einkehr: Bar O Jacaré direkt an der Levada.

Kombi-Tipps: Im Anschluss kann auf Tour 11 nach Caniçal gewandert werden. Über Boca do Risco führt ein Küstensteig nach Porto da Cruz (s. Tour 14).

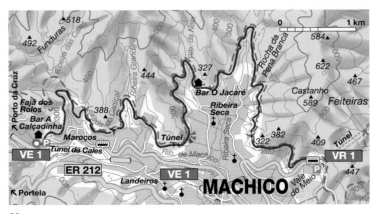

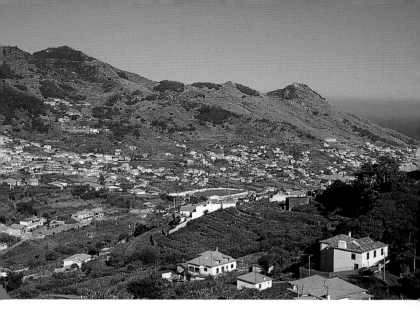

Das Tal von Machico wird zum Meer hin vom Pico do Facho flankiert.

Vom Busstopp am westlichen Ortsrand von **Maroços** geht gegenüber von der Bar A Calçadinha ein Betonweg ab. Die **Levada do Caniçal** ist zunächst mit Platten abgedeckt.

Nachdem die letzten Häuser von Maroços passiert sind, läuft der Kanal in das Tal der Ribeira das Cales hinein. Wir kommen kurz zurück in die besiedelte Zone, bis die Levada ins Tal der **Ribeira Grande** einschwenkt, das auf einer kleinen Brücke gequert wird. Ein 25 m langer Tunnel kann ohne Taschenlampe begangen werden. Nach dem Tunnel haben wir eine schöne Aussicht auf die Dächer von Machico und die Sendemasten auf dem Pico do Facho, auch die Desertas-Inseln sind auszumachen. Auf das Tal der Ribeira Grande folgt das der Ribeira da Noia. Danach bietet sich an der **Bar O Jacaré** eine Rast an. Vom nächsten Tal, der Ribeira Seca, können wir bald die geschwungene Einsattelung der Boca do Risco erkennen, einen Pass, der das Tal von der Nordküste trennt.

An den oberen Häusern von **Ribeira Seca** kreuzt ein vom Tal heraufkommender Weg die Levada, der zur Boca do Risco hochführt (Tour 14). Wir folgen der Levada weiter geradeaus und erreichen 45 Minuten darauf die ER 214 am alten **Caniçal-Tunnel**. Der Bus hält auf Handzeichen an der Haltestelle etwas unterhalb vom Wasserhaus.

Vom Caniçal-Tunnel nach Porto da Cruz

Abenteuerlicher Küstensteig über die »Gefährliche Öffnung«

Wanderwege entlang der Küste sind auf Madeira knapp, zu abrupt fällt das Land ins Meer ab. Doch wo es sie gibt, sind sie dafür umso spannender. Der Küstensteig von Machico und Porto da Cruz war jahrhundertelang die kürzeste Verbindung zwischen den beiden Orten. Sogenannte Borracheiros brachten zu Fuß den jungen Wein in Schläuchen aus Ziegenhaut über die Boca do Risco (»gefährliche Öffnung«). Der leidlich instand gehaltene Klippenweg hoch über der tosenden See hat bis heute nichts von seiner Wildheit verloren.

Ausgangspunkt/Rückfahrt: Von Funchal aus mit Pkw oder Bus 113 zur Westseite vom alten Caniçal-Tunnel (Haltestelle Pico do Facho), 220 m.
Zurück von Porto da Cruz mit Bus 53 über Machico nach Funchal. Wer zum Wagen zurückmuss, macht am Espigão Amarelo kehrt und hat so den eindrucksvollsten Streckenabschnitt kennengelernt.
Höhenunterschied: 150 m Aufstieg und 360 m im Abstieg.

Auf dem Küstensteig über der wellengepeitschten Nordküste.

Die Nordküste bei Porto da Cruz.

Anforderungen: Bis Boca do Risco ein problemlos begehbarer Levadaweg, für den Weiterweg auf dem Küstensteig sollte man absolut trittsicher und schwindelfrei sein. Nicht bei stürmischem Wetter und Regen gehen. Badesachen mitnehmen, in Porto da Cruz gibt es ein Meeresschwimmbecken.

Einkehr: Bar in Larano; in Porto da Cruz das Restaurant Penha d'Ave.

An der ER 109 direkt vor dem alten **Caniçal-Tunnel** treffen wir an dem kleinen Wasserhaus auf die **Levada do Caniçal**. Wir folgen ihr gegen die Fließrichtung durch ein Akazienwäldchen in das Tal der Ribeira Seca hinein. Nach einer dreiviertelstündigen gemütlichen Wanderung auf dem bequemen Erdpfad neben der Levada heißt es aufgepasst: Wir kommen zu einem direkt an der Levada stehenden Häuschen mit rotem Wellblechdach. Gut 100 m danach kreuzt ein vom Tal hochkommender Fußweg schräg die Levada. Hier verlassen wir den Kanal und steigen halb rechts den Pfad bergan (Vereda da Boca do Risco). Schon bald können wir die elegant geschwungene Einsattelung der Boca do Risco über uns erkennen. Kurz unterhalb der Passhöhe wird ein »Gehöft« links umlaufen. Nach halbstündigem Aufstieg ist die **Boca do Risco** erreicht. Auf der Passhöhe weht meist eine steife Brise, dafür entschädigt die Aussicht auf die bizarr gegliederte Nordküste.

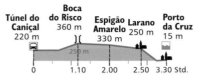

Túnel do Caniçal 220 m	Boca do Risco 360 m	Espigão Amarelo 330 m	Larano 250 m	Porto da Cruz 15 m

Vom Pass folgen wir dem zunächst breiten Küstenpfad leicht abwärts in westlicher Richtung. Noch säumt Baumheide den Wegrand, sodass der ausgesetzte Pfad ganz harmlos erscheint. Mit einem Kribbeln im Bauch können wir bald den in die fast senkrechte Kliffküste geschlagenen Weg ausmachen. Gähnende Abgründe von mehr als 300 m Tiefe tun sich auf. Wir kommen zu einer kniffligen Stelle. Über ein zerstörtes Wegstück hilft ein Drahtseil hinweg, nach Regenfällen kann hier ein herabplätscherndes Rinnsal für eine Dusche sorgen (wer unsicher ist, sollte hier besser kehrtmachen). Es folgt eine längere stark ausgesetzte Passage, die nicht gesichert ist. Ein kniehoher Vermessungsstein markiert den Felsvorsprung **Espigão Amarelo**. Im Osten können wir von hier die zackige Silhouette der Ponta de São Lourenço erkennen. Kurz darauf haben wir eine grandiose

Aussicht auf den vor uns liegenden Adlerfelsen und Porto da Cruz.

Die schwierigsten Passagen liegen hinter uns. Auf mitunter schlüpfrigen Stufen queren wir ein idyllisch bewachsenes Bachbett. Nach zwei weiteren Bächen wird der Saumpfad wieder zu einem breiten und bequem begehbaren Erdweg, der bald in einen betonierten Fahrweg übergeht. Wir folgen ihm zu den ersten Häusern von **Larano**.

Dort beginnt eine Teerstraße, auf der wir 15 Minuten abwärtswandern. 75 m nach einer kleinen Bar biegen wir vor einer Linkskurve an

Die Afrikanische Liebesblume ist auf Madeira allgegenwärtig.

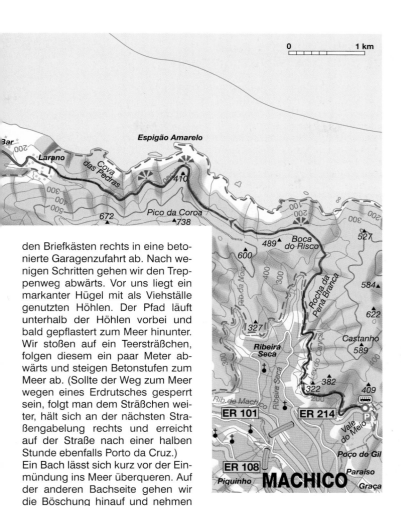

den Briefkästen rechts in eine betonierte Garagenzufahrt ab. Nach wenigen Schritten gehen wir den Treppenweg abwärts. Vor uns liegt ein markanter Hügel mit als Viehställe genutzten Höhlen. Der Pfad läuft unterhalb der Höhlen vorbei und bald gepflastert zum Meer hinunter. Wir stoßen auf ein Teersträßchen, folgen diesem ein paar Meter abwärts und steigen Betonstufen zum Meer ab. (Sollte der Weg zum Meer wegen eines Erdrutsches gesperrt sein, folgt man dem Sträßchen weiter, hält sich an der nächsten Straßengabelung rechts und erreicht auf der Straße nach einer halben Stunde ebenfalls Porto da Cruz.)

Ein Bach lässt sich kurz vor der Einmündung ins Meer überqueren. Auf der anderen Bachseite gehen wir die Böschung hinauf und nehmen an dem Flachbau (an einem offenen Bauzaun warnt ein Schild vor Steinschlag) den Uferweg nach **Porto da Cruz**. Von der Promenade steigen wir zur Kirche auf, am Dorfplatz warten Taxis, der Busstopp ist ein paar Schritte oberhalb davon vor dem Centro de Saúde an der Hauptstraße.

4.30 Std.

Auf dem Maracujaweg entlang der Levada dos Tornos

Eifrige Wanderer haben die Levada dos Tornos bereits auf den Touren 8 und 9 kennengelernt. Die heutige Route entlang der insgesamt über 100 km langen Levada führt durch teils dicht besiedeltes Kulturland mit terrassierten Feldern und waldigen Abschnitten bis fast ans Ende der Levada. Wildromantisch gibt sich das Tal der Ribeira dos Vinháticos. Am Weg reifen Avocados, Cherimoyas und Maracujas. Ausgangs- und Endpunkt der Streckenwanderung sind gut ans Busnetz angeschlossen.

Ausgangspunkt: Von Funchal aus mit Pkw oder Bus 129 nach Camacha, 700 m.
Rückfahrt: Von Sítio das Quatro Estradas (750 m) nach Camacha oder Funchal mit Bus 77.
Höhenunterschied: 115 m im Abstieg und 165 m im Aufstieg.
Anforderungen: Der Levadaweg war bei der letzten Begehung durch Unwetterschäden bedingt in einem schlechten Zustand, manche Stellen des teils ver-

schütteten Kanals sind weggebrochen und verlangen Trittsicherheit. Ausgesetzte Stellen und die Querung eines Stegs erfordern Schwindelfreiheit. Im Winter können herabtropfende Rinnsale und kleine Wasserfälle sowie nasses Laub den Weg stellenweise rutschig machen. Für die Tunnels ist eine Taschenlampe erforderlich.
Einkehr: Bis auf die Bar in Salgados keine Einkehrmöglichkeit am Weg.

Rankende Bananenmaracujas.

Von der Bushaltestelle am Largo da Achada in **Camacha** gehen wir auf das
am Uhrenturm erkennbare Café Relógio zu. Wir passieren eine Kapelle und
das Gesundheitszentrum (Centro de Saúde) und verlassen den Platz rechts
auf dem u.a. mit »Levada dos Tornos« ausgeschilderten Caminho Municipal
dos Salgados. Die Straße läuft steil bergab, nach 250 m halten wir uns rechts
(ein nach links zur Levada dos Tornos weisendes Schild wird ignoriert).
Im Weiler **Salgados** gehen wir an der Bar Eira Salgada rechts die Pflasterstraße hinab. Nach gut 100 m, kurz bevor die Pflasterstraße wieder leicht
anzusteigen beginnt, achten wir rechts an einem Strommast auf einen Pfad,
auf dem wir nach wenigen Schritten auf die **Levada dos Tornos** stoßen. Sogleich können wir die Taschenlampe auspacken, in Fließrichtung des Kanals
gilt es, einen 150 m langen, ziemlich engen Tunnel zu durchqueren. Neben
der Levada begleitet uns für ein Stück ein dickes Wasserrohr, über den Kanal sind Betonstege gelegt, die das Rohr stützen. Wir überqueren ein Bach-

In den Fels gehauen – die Levada dos Tornos unterhalb von Camacha.

bett und haben direkt danach einen knapp 100 m langen zweiten Tunnel vor uns. Nun führt die Levada steil an einer Felswand entlang, rechts vom Kanal fällt der Fels 50 m senkrecht ab. An einem Wasserfall wird auf schmalem Betonsteg ein Wildbach gequert.

Es folgt ein dritter etwa 40 m langer Tunnel, knapp 10 Minuten danach stehen wir vor einem weiteren, sehr düsteren Tunnel. Hier gehen wir ausnahmsweise nicht hinein, sondern wandern genüsslich rechts an ihm vorbei und haben dabei ein wunderschönes Panorama auf das am oberen Rand des Porto-Novo-Tals klebende Camacha. Ein gepflasterter Treppenweg bringt uns wieder auf die Levada.

Im weiteren Verlauf kreuzen wir zwei Sträßchen und überqueren in **Lombo Grande** kurz nach einem Wasserbecken die ER 206. Wir gehen weiter die Levada entlang und haben nach einem Waldstück eine schöne Aussicht auf die Ponta de São Lourenço.

Eine weitere Straße wird gequert, 10 Minuten später wird die Levada in einem kurzen Tunnel unter einer Straße durchgeführt, der den Durchgang nur in stark gebückter Haltung gestattet. Die Levada läuft in das Tal der **Ribeira dos Vin-háticos** hinein, wobei wieder schwindelerre-

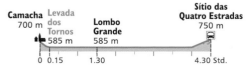

gende Passagen zu meistern sind. Im Talschluss bringt uns ein luftiger Betonsteg ohne jegliche Sicherung über den Fluss, der sich hier ein schluchtartiges Bett gegraben hat.

Wieder talauswärts gehend ergeben sich nun schöne Ausblicke auf terrassierte Felder. Die Levada zieht durch eine Siedlung und kommt an einem Folientunnel einer **Gärtnerei** vorbei, hier ist der Weg beidseitig von einem Drahtzaun eingefasst. Ein paar Minuten danach wird der Kanal unter einem Wasserhaus hindurchgeführt. Kurz darauf werden unterhalb von João Ferino zwei Sträßchen gekreuzt.

Nach einem Mischwald aus Akazien und Eukalyptusbäumen läuft die Levada in ein weiteres Tal und unter einer Straße hindurch. 15 Minuten nach der Straße kreuzt ein verwachsener schmaler **gepflasterter Pfad** die Levada, eventuell weist eine über den Kanal gelegte Betonplatte auf die Stelle hin. Auf dem Pfad wird die Levada links aufwärts verlassen. Nach vierminütigem steilen Anstieg erreichen wir an einem Haus einen betonierten Fahrweg, der nach knapp 150 m in eine Pflasterstraße übergeht. Diese führt leicht aufwärts und mündet nach knapp 5 Minuten an einem Trafoturm auf die Rua Mary Jane Wilson. Geradeaus aufwärts bringt uns die Straße in gut 10 Minuten zur Straßenkreuzung **Sítio das Quatro Estradas**. Die Bushaltestelle nach Camacha bzw. Funchal liegt 60 m rechts auf der anderen Straßenseite.

Im Tal der Ribeira dos Vinháticos.

Schattige Forstwanderung entlang der Levada da Serra

Ein breiter Wanderweg begleitet die Levada da Serra auf ihrem Weg zum Forsthaus Lamaceiros, an dem ein schöner Picknickplatz zur Rast einlädt. Am Weg stehen hochstämmige Eukalyptusbäume und knorrige Eichen, die Stämme sind von Moosen bewachsen, von den Ästen hängen Bartflechten wie Lametta herab. Ein stiller Waldspaziergang!

Ausgangspunkt: Von Funchal aus mit Bus 77 bis zur Haltestelle Sítio das Quatro Estradas, 750 m.
Rückfahrt: Von Portela (600 m) nach Funchal mit Bus 53.
Höhenunterschied: 60 m im Aufstieg und 210 m im Abstieg.
Anforderungen: Leichte und schattige Levadawanderung auf breitem und ausgeschildertem Waldweg. Keine Schwindelgefahr.
Einkehr: Restaurants Miradouro da Portela und Portela à Vista in Portela.

Kombi-Tipp: Von Portela kann auf einem Pflasterweg nach Porto da Cruz abgestiegen werden (Tour 17).

Vom Busstopp **Sítio das Quatro Estradas** folgen wir an der Kreuzung der Straße nach Poiso. Je nach Windrichtung kann es merkwürdig riechen – hinter dem die Straße begleitenden Zaun verbirgt sich ein großer Schweinemastbetrieb. Nach der Mastfabrik kreuzt die gut 800 m hoch gelegene **Levada da Serra** die Straße, wir folgen ihr nach rechts. Nach etwa 30 Minuten kreuzen wir an einem Wasserhaus einen Forstweg.
Eine Dreiviertelstunde später wird eine weitere Forststraße gequert. Wir gehen an der Levada weiter und erreichen 4 Minuten darauf an einer Kreuzung ein um 1906 erbautes **Wasserhaus**. Rechts würde man in das 2 km entfernte Santo da Serra

Alte Eichen an der Levada da Serra.

kommen, wir gehen jedoch geradeaus an der Levada weiter. 10 Minuten später verengt sich der Weg. Als Umgehung bietet sich ein Pfad an, der bequem unterhalb der Levada entlangläuft. Eine knappe Viertelstunde darauf fließt die Levada durch einen kleinen Tunnel. 3 Minuten danach erreichen wir einen Forstweg. Hier verlassen wir die Levada und nehmen den Forstweg rechts abwärts, auf dem nach 10 Minuten das **Forsthaus Lamaceiros** erreicht wird. Unter Baumfarnen gibt es hier einen schönen Picknickplatz mit Tischen und Bänken.

Wanderern, die den Forellenweg (Tour 19) gemacht haben, ist der Weiterweg bereits bekannt. Wir lassen das Forsthaus links liegen und folgen dem Waldweg. Nach gut 200 m gabelt sich der Weg, hier wandern wir links abwärts. Kurz darauf öffnet sich eine grandiose Aussicht auf die Nordküste und den Adlerfelsen. Nach einem ausgeschilderten Abzweig, wir gehen hier links, kommen wir am eingezäunten Landgut **Herdade Lombo das Faias** vorbei, die schmale Levada da Portela fließt nun neben uns. Bald können wir das Straßenkreuz von Portela unter uns sehen. An einer Hausruine steigen wir links auf gestuftem Treppenweg zur ER 102 ab. Dieser folgen wir links 200 m nach **Portela**. Der Busstopp befindet sich gegenüber dem Restaurant Portela à Vista.

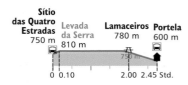

79

Aussichtsreicher Abstieg zur Nordküste

Vom Startpunkt Portela liegt das Wanderziel bereits unübersehbar zu Füßen. Der kleine Hafenort Porto da Cruz duckt sich an die Ostflanke des die Küstenlandschaft dominierenden Adlerfelsens. Ein schmaler Pflasterweg mit typisch gerundeten Stufen bringt uns über den idyllisch auf einem Bergrücken platzierten Weiler Cruz da Guarda zum Meer hinab.

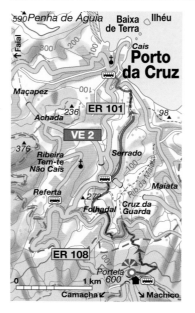

Ausgangspunkt: Von Funchal aus mit Pkw oder Bus 53 nach Portela, 600 m.
Rückfahrt: Von Porto da Cruz zurück nach Funchal ebenfalls mit dem 53er.
Höhenunterschied: Knapp 600 m im Abstieg.
Anforderungen: Sehr steiler Abstieg auf Pflasterweg, bei Nässe rutschig. Entlang der Levada leicht ausgesetzte Stellen, teilweise leichte Schwindelgefahr.
Einkehr: Unterwegs keine; Restaurants in Porto da Cruz.

In **Portela** folgen wir links vom Restaurant Miradouro da Portela einem Sträßchen (Wanderschild PR 5 Maroços). Dieses gabelt sich nach 150 m. Wir halten uns halb links und biegen nach wenigen Schritten links in den steil abwärtslaufenden alten Pflasterweg ein. Schnell verlieren wir an Höhe, schon bald ist der Weiler **Cruz da Guarda** erreicht.

Unser Weg trifft auf die Dorfstraße, der wir links folgen. Nach gut 5 Minuten kommen wir an einem Trafoturm zu einer Brücke. Direkt nach dieser steigen wir auf verwachsenen Stufen in wenigen Schritten zu einer 20 cm schmalen Levada hinab. Der Pfad neben dem Kanal kann ebenfalls verwachsen sein, er durchläuft unterhalb der Straße ein pittoreskes Tal mit kleinen Gemüseterrassen und einem von Schilf zugewucherten Bachbett. 10 Minuten ab der Straße stoßen wir auf einen anfangs betonierten Weg, auf dem wir abwärtshaltend durch ein weiteres schönes Tal in **Serrado** auf eine Straße treffen. Wir gehen rechts auf ihr 100 m bergab und an der Gabelung

Abstieg nach Cruz de Guarda mit großartigem Blick auf den Adlerfelsen.

geradeaus auf einem schmalen Nebensträßchen über einen aussichtsreichen Rücken (die Hauptstraße läuft links abwärts nach Porto da Cruz). Genau 20 Minuten darauf verlassen wir nach kurzem Gegenanstieg die Straße links in einen Betonweg (direkt am Abzweig machte Ende 2010 ein Bergrutsch die Straße unpassierbar). Der Betonweg wird zum Pflasterweg und mündet am Kulturzentrum Flores de Maio auf eine Straße, auf der man rechts abwärts zur Kirche und zum Taxiplatz in **Porto da Cruz** kommt. Der Busstopp ist an der Hauptstraße vor dem Centro de Saúde.

81

Zur spektakulären Aussichtskanzel im Nebelwald

Der kürzeste, aber überaus lohnende Spaziergang, den Sie auf Madeira machen können, bringt Sie zu einem der bekanntesten Aussichtspunkte der Insel. Entsprechend viel begangen ist der Weg. Ruhigste Zeit dazu ist ein Wochentag, am besten noch vor 11 Uhr morgens, bevor ganze Scharen von Ausflüglern die Kanzel in Beschlag nehmen.

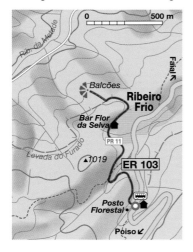

Ausgangspunkt: Von Funchal mit Pkw oder Bus 56 (zurück mit Bus 103) nach Ribeiro Frio, 860 m.
Höhenunterschied: Unwesentlich.
Anforderungen: Leichter Spaziergang auf breitem Waldweg, bei Nässe rutschig. Keine Schwindelgefahr.
Einkehr: Bar Flor da Selva.
Kombi-Tipp: An die Kurzwanderung kann man die Touren 19 und 20 anschließen.

Von der Bushaltestelle unterhalb der Forellenzucht in **Ribeiro Frio** zweigt 30 m nach dem Restaurant Ribeiro Frio von der Straße links ein mit »PR 11 Balcões« ausgeschilderter breiter Weg ab. Sofort nimmt ein Märchenwald gefangen, Baumstämme und Felsen sind von Moos überzogen, von den Ästen baumeln lange Bartflechten. Der Kanal führt durch einen Felsdurchbruch. Wir passieren eine **Snackbar** mit schönem Talblick und gelangen an eine Gabelung. Die Levada läuft links weiter (der Weg ist für Wanderer gesperrt). Wir folgen rechts dem Schild »Balcões« und kommen auf einem schön gepflasterten Weg nach gut 50 m zur Aussichtskanzel **Balcões**.
Bei gutem Wetter genießt man von hier eine der schönsten Aussichten auf die drei höchsten Gipfel des Zentralmassivs. Zwischen dem Arieiro (links) und den Zacken des Pico das Torres schaut der Pico do Gato, der Katzenberg, hervor – ganz rechts steht der Pico Ruivo. Ist es bewölkt, muss man sich mit dem Anblick auf den Adlerfelsen begnügen.

Ribeiro Frio	Balcões	Ribeiro Frio
860 m	850 m	860 m

0 0.20 0.40 Std.

Der Pico do Gato über dem Tal der Fajã da Nogueira.

Berühmte Feuchttour entlang der Forellenlevada

Die klassische Levadawanderung steht bei vielen Wandergruppen auf dem Programm. Die Tour hat alles, was einen Levadaweg interessant macht: Fels-durchbrüche, Tunnels und vor allem die üppige Vegetation eines subtropischen Bergwaldes. Das fast ganzjährig feuchte Milieu sorgt für zusätzliche Faszination. In der Levada do Furado huschen Regenbogenforellen, am »Kalten Fluss« wippen Bachstelzen und an den Rastplätzen picken Buchfinken nach übrig gebliebenen Krümeln.

Ausgangspunkt: Von Funchal aus mit Pkw oder Bus 56 nach Ribeiro Frio, 860 m.
Rückfahrt: Von Portela (600 m) nach Funchal mit Bus 53. Wer zurück zum Pkw muss, bestellt sich in Portela ein Taxi (ca. 25 €), meist warten am Taxistand ein oder zwei Wagen.
Höhenunterschied: Knapp 260 m im Abstieg.
Anforderungen: Anspruchsvolle Levadawanderung auf anfangs breitem, im weiteren Verlauf teils schmalem Weg.

Schwindelgefahr niedrig bis mittel, die meisten ausgesetzten Stellen sind mit Zaun gesichert. Eine Taschenlampe für die kurzen Tunnels ist nicht erforderlich. Im Winter feucht und rutschig.
Einkehr: Zwei Lokale in Portela.
Variante: Autofahrer, die sich die Taxikosten für den Rückweg sparen möchten, wandern bis zum Wasserhaus und gehen von dort auf demselben Weg wieder nach Ribeiro Frio zurück. Die Gehzeit erhöht sich dadurch auf 5 Std.

Die staatliche Forellenzucht in Ribeiro Frio.

Die Levadawanderung beginnt am Forellengasthof in Ribeiro Frio.

In **Ribeiro Frio** gehen wir am Restaurant Ribeiro Frio ein paar Schritte die Straße abwärts, biegen am Wegweiser »PR 10« rechts ab und queren auf einer Brücke den Kalten Fluss. Wir folgen dem breiten Weg am rechten Flussufer, bald taucht die **Levada do Furado** neben uns auf. Lorbeer und Baumheide bilden ein dichtes Kronendach, überall tropft und gluckert es, je nach Jahreszeit stürzen Rinnsale vom Hang. Nach 25 Minuten lichtet sich der grü-

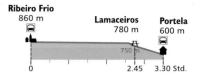

Ribeiro Frio
860 m

Lamaceiros
780 m

Portela
600 m

750 m

0   2.45   3.30 Std.

ne Dschungel und gibt die Aussicht auf die höchsten Gipfel Madeiras frei – immer vorausgesetzt, das zentrale Bergland versteckt sich nicht in einer Nebelbank.

Auf einer Levadabrücke wird die **Ribeira do Poço do Bezerro** gequert (hier zweigt rechts an einer Seitenlevada Tour 20 ab). Die Levada schmiegt sich nun eng an den steil abfallenden Hang und verläuft gut gesichert unter überhängenden Felsen entlang. Meist geht man jetzt nur auf dem 30 cm breiten Levadamäuerchen. Zwei von der Wand herabstürzende Wasserfälle werden auf Pfaden umgangen.

Nach drei kurz hintereinanderfolgenden Felsdurchbrüchen haben Levadaarbeiter während der Generalsanierung des Kanals einen kleinen Marienschrein in die Wand gebaut. Weitere kleinere Wasserfälle rauschen herab. In einer scharfen Rechtskehre führt links ein Pfad auf einen Felssporn, von dem sich nochmals der Blick auf die Berge öffnet.

Wenige Minuten danach wird eine an die 20 m hohe Felsspalte erreicht, die an ihrem Ende von einem kurzen **Tunnel** durchstochen wird. Am **Cabeço Furado** beginnt nun das spektakulärste Wegstück. Die Levada ist hier in die Wand gebaut und durchläuft sieben weitere kurze Tunnel von maximal fünf bis sechs Metern Länge.

Ein paar Schritte nach dem **Wasserhaus Lamaceiros**, es gibt hier zwei Picknicktische, treffen wir auf eine ausgeschilderte Kreuzung. Wir verlassen hier die Levada und folgen dem breiten Weg scharf links bergab in Richtung Portela. Schon bald begleitet uns wieder ein schmaler Kanal. Am **Forsthaus**

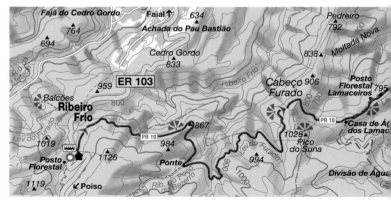

Rustikaler Picknickplatz am Forsthaus Lamaceiros.

Lamaceiros lädt unter prächtigen Nadelbäumen und Baumfarnen eine Picknickzone zur Rast ein.

Das Forsthaus wird links liegengelassen. Wir folgen einem breiten Forstweg,

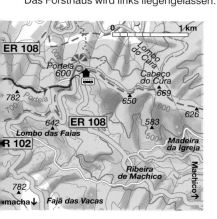

an einer Gabelung nach 200 m gehen wir links und genießen kurz darauf das Panorama auf den Adlerfelsen. An einer ausgeschilderten Verzweigung weist uns links ein Schild in Richtung Portela. Wir kommen am eingezäunten Landgut **Herdade Lombo das Faias** vorbei, neben uns fließt jetzt die schmale **Levada da Portela**. Der nun wieder schmale Weg erreicht eine Hausruine, an der wir links die Stufen zur ER 102 hinuntersteigen. Dieser Straße folgen wir links und sind schließlich nach 200 m am Taxistand und Busstopp von **Portela**.

Steile Runde im Lorbeerwald

Der Rundweg über Feiteiras de Baixo steht etwas zu Unrecht im Schatten der Levadawanderung nach Portela (Tour 19), hat dafür den Vorteil, dass er viel weniger begangen wird. Die Wanderung folgt das erste Stück ebenfalls der Levada do Furado, von der dann auf einem schmalen Steig zur Hochebene über dem Lorbeerwald aufgestiegen wird. Wenn es das Wetter gut meint, ergeben sich prächtige Aussichten auf Madeiras höchste Gipfel.

Ausgangspunkt: Von Funchal aus mit Pkw oder Bus 56 (zurück mit Bus 103) nach Ribeiro Frio, 860 m.
Höhenunterschied: Jeweils gut 300 m im Auf- und Abstieg.
Anforderungen: Aufstieg auf steilen Pfaden, meist ganzjährig feucht und stellenweise rutschig. Bei Nebel schwierige

Orientierung. Die Schwindelgefahr ist niedrig.
Einkehr: In Ribeiro Frio ist das gleichnamige Lokal Spezialist für frische Forellen, es gibt sie gekocht, gegrillt oder geräuchert.
Kombi-Tipp: Die Wanderung kann mit Tour 18 kombiniert werden.

In **Ribeiro Frio** gehen wir vom Restaurant Ribeiro Frio ein paar Schritte die Straße abwärts und biegen am Wegweiser »PR 10 Portela« in den Pflasterweg ein. Unterhalb vom Lokal wird über eine Brücke der Ribeiro Frio gequert, bald taucht neben uns die Levada do Furado auf. Wie auf Tour 19 folgen wir zunächst dem malerischen Kanal gut 50 Minuten bis zu einer **Levadabrücke** über die Ribeira do Poço do Bezerro. Rechts vor der Brücke stürzen zwei schmale Kanäle in die Levada. Hier verlassen wir den Portela-Weg und steigen auf meist rutschigen Stufen an der von oben kommenden Wasserrinne ziemlich steil auf. Nach einer Viertelstunde liegt das steilste Stück hinter uns, weitere 15 Minuten darauf zweigt rechts über Trittstufen ein Weg bergauf ab, die Stelle ist meist mit über die Levada gelegten Ästen markiert.

Wir gehen zunächst noch etwa 25 m geradeaus zur **Quelle** der Levada. Bei trockenem Wetter geben die Gumpen vor rauschenden kleinen Wasserfällen einen idyllischen Rastplatz ab.

Von der Fassung der Levada gehen wir die 25 m zurück, um dann links den mitunter von Farnen und Heidebusch verwachsenen Pfad aufzusteigen. Inmitten des grünen Dschungels stoßen wir auf eine

Madeiras höchste Gipfel: links der Pico do Arieiro mit Radarkuppel.

farnbewachsene runde Lichtung. Der Pfad läuft am oberen Rand der Farnwiese entlang und steigt zu einer mit Heidebusch und Baumheidelbeeren
bestandenen Hochebene auf. Vor uns liegen die Gebäude von **Chão das
Feiteiras** (1170 m), dahinter türmen sich die Silhouetten von Arieiro, Pico
das Torres und Ruivo auf.
Am Zaun vor dem Hofgebäude treffen wir auf einen Wirtschaftsweg, dem wir
rechts folgen. Nach gut 200 m, der Weg ist hier ein Stück gepflastert, biegen
wir links abwärts in einen eventuell mit einer Steinpyramide markierten alten
Madeira-Weg ein. Sogleich wird ein Gatter durchlaufen. Unter Farnen, Gras
und Moos blitzt bald das gerundete Pflaster durch. Wir erreichen nach einer
guten Viertelstunde die ER 103, der unser Pflasterweg ein Stück weichen
musste. Der Straße rechts abwärtsfolgend wird nach einer Biegung der
Pflasterweg wieder erreicht. In Kas-
kaden schießt neben uns der Zulauf
für die Forellenfarm hinab. An der
Picknickzone rund um die Fischbe-
cken am Forsthaus von **Ribeiro
Frio** treffen wir erneut auf die ER
103, auf der nach 200 m wieder das
Forellenlokal erreicht wird.

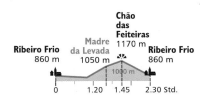

Der Tunnelweg vom Wasserkraftwerk zur Levada do Pico Ruivo

Die mit Tunnels gespickte Levada do Pico Ruivo führt aussichtsreich am Fuß der höchsten Gipfel Madeiras entlang. Der Kanal leitet das Wasser aus dem »Höllenkessel« Caldeirão do Inferno (Tour 29) zum Kraftwerk ins beschauliche Metade-Tal. Eine wunderbare Tour, die im Winter mitunter allerdings ziemlich feucht sein kann.

Ausgangspunkt: Mit dem Pkw von Funchal über Poiso ins Tal der Ribeira da Metade. Kurz vor Cruzinhas zweigt ein 4,3 km langer, ziemlich ruppiger ungeteerter Fahrweg zum Kraftwerk Fajã da Nogueira, 620 m, ab. Bei vorsichtiger Fahrweise im ersten Gang ist die Piste mit normalem Pkw gerade noch so befahrbar. Wer auf Nummer sicher gehen will, mietet ein Allradfahrzeug oder parkt direkt am Abzweig. Die Gehzeit erhöht sich dadurch um zwei Stunden. Busse von Funchal aus halten eine Haltestelle vor Cruzinhas, 200 m nach dem Abzweig.

Höhenunterschied: Jeweils 360 m im Auf- und Abstieg.

Anforderungen: Einfache Wanderung auf Fahr- und Levadawegen mit anfangs kräftigem Anstieg. Für die Tunnels ist eine Taschenlampe notwendig. Niedrige Schwindelgefahr.

Einkehr: Keine Einkehrmöglichkeit am Weg.

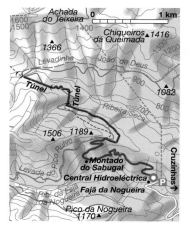

Kombi-Tipp: Die Wanderung kann um Tour 22 erweitert werden.

Die Tour beginnt 80 m vor dem **Kraftwerk Fajã**. In Höhe eines zu einer Häusergruppe hochführenden Treppenweges biegen wir von der Zufahrt zum

Kraftwerk rechts in einen Fahrweg ein. Die Piste zieht nicht allzu steil an der rechten Talflanke der Ribeira da Fajã da Nogueira hinauf. Nach einer guten halben Stunde werden auf einer Lichtung zwei riesige

Je nach Witterungsverhältnissen kann der Levadaweg feucht und rutschig sein.

Der Tunnelweg entlang der Levada do Pico Ruivo vor der immergrünen Kulisse des zerfurchten Cabeço da Fajã dos Vaháticos.

Stinklorbeerbäume erreicht (Schild »Montado do Sabugal«), deren Wurzeln bis auf die Zeit von der Entdeckung Madeiras zurückreichen sollen. 2 Minuten darauf gabelt sich der Weg.

Wir wählen den rechten Strang und steigen weiter an Lorbeerbäumen vorbei zur knapp 1000 m hoch gelegenen **Levada do Pico Ruivo** auf. Der Kanal ist zunächst mit Platten abgedeckt, wir folgen ihm nach rechts. Nach sieben kurzen Tunnels von maximal 20 m Länge müssen wir für den gut 100 m langen **Tunnel Nr. 8** die Taschenlampe zu Hilfe nehmen. In den **Tunnel Nr. 10** laufen verrostete Schienen einer ausgedienten Lorenbahn hinein. Der Tunnel wird an seinem Ende fünfmal durch eine Fenstergalerie unterbrochen. Am ersten Fenster fließt von rechts eine Nebenlevada in unsere hinein. Am Tunnelende stehen wir an der Ribeira Seca, die sich hier eine nur wenige Meter breite **Klamm** geschaffen hat. Zwei Wasserfälle rauschen talwärts. Auf der anderen Bachseite verschwindet die Levada im 2,4 km langen Pico-Ruivo-Tunnel. Wir kehren von der Klamm auf dem gleichen Weg wieder zum **Kraftwerk** zurück.

91

Ausgesetzte Levadarunde zum Fuß des Katzenbergs

Von Aussichtspunkten wie Balcões (Foto S. 83) oder Bica da Cana (Foto S. 143) nimmt sich die Felsnadel des Pico do Gato fast wie ein Zahnstocher aus. Nicht so auf dieser Tour. Eine abenteuerliche Levadastrecke bringt uns direkt zum Fuß des Katzenbergs.

Ausgangspunkt: Mit dem Pkw von Funchal über Poiso ins Tal der Ribeira da Metade. Kurz vor Cruzinhas zweigt ein 4,3 km langer, ziemlich ruppiger ungeteerter Fahr-

weg zum Kraftwerk Fajã da Nogueira, 620 m, ab (siehe Tour 21).
Höhenunterschied: Jeweils 420 m im An- und Abstieg.
Anforderungen: Der oft sehr schmale Levadaweg führt durch etliche kurze, teils enge Tunnels, eine Taschenlampe ist hilfreich. Die Tour setzt absolute Schwindelfreiheit voraus, etliche stark ausgesetzte Passagen sind nicht gesichert.
Einkehr: Keine am Weg.
Kombi-Tipp: Die Wanderung kann um Tour 21 erweitert werden.

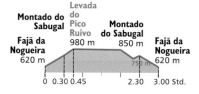

Vom **Kraftwerk Fajã** steigen wir wie bei Tour 21 die Piste zur **Levada do Pico Ruivo** auf. An dem zunächst abgedeckten Kanal wenden wir uns nach links in Fließrichtung und durchlaufen bald drei dicht aufeinanderfolgende kurze Tunnels. Es folgt ein Tunnel mit einem Fenster in der Mitte. Die Levada läuft hoch über dem Tal der Ribeira da Fajã da Nogueira an einer Felswand entlang. Ein Geländer sichert nur notdürftig ausgesetzte Passagen.
Es geht durch einen niedrigen Tunnel, danach verschwindet die Levada unter der Erde, und wir wandern auf dem Saumpfad etwa 150 m bis zum nächsten ebenfalls recht niedrigen und gekrümmten Tunnel. Der

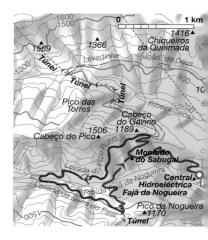

Tunnel danach kann auf einem Pfad umgangen werden. Zwei weitere Tunnels folgen. Vor uns steht zum Greifen nahe der Felsturm des Pico do Gato,

Wenn das Wetter stimmt, ist das Wandergebiet von Fajã einer der schönsten Winkel der Insel – im Bild der Pico Ariero über dem Tal der Ribeira da Fajã da Nogueira.

rechts davon die Zacken vom Pico das Torres. Im hintersten Winkel des zu einer Schlucht verengten Tals queren wir auf einer **Bogenbrücke** das Bett der Ribeira da Fajã da Nogueira.

Die Levada heißt nun Levada da Serra do Faial. Talauswärts gehend wird kurz vor einem Minitunnel ein halbkreisförmiger Felsenkessel umlaufen. Nach zwei weiteren Tunnels und einem etwa 15 m langen Wasserbecken läuft die Levada in einen gut 250 m **langen Tunnel** hinein, in dessen Mitte das Wasser mit donnerndem Getöse durch eine Rohrleitung zum Kraftwerk geleitet wird. Wir verlassen jedoch vor dem Tunnel die Levada in eine Piste links bergab. An der Gabelung nach 7 Minuten halten wir uns links und passieren kurz darauf die Zufahrt zu zwei Häusern. Im Tal der Ribeira da Fajã da Nogueira bringt uns eine Furt bzw. bei hohem Wasserstand eine **Brücke** trockenen Fußes über den Fluss. Nach kurzem Gegenanstieg kommen wir wieder zum Montado do Sabugal und von dort zurück zum **Kraftwerk Fajã**.

Zum Brandausguck an der Ostabdachung vom Zentralmassiv

Ein Aussichtsberg, zu dem man größtenteils absteigt – auch dies hat Madeira zu bieten. Vom Pico do Suna lässt sich schön die Nordküste überblicken, nicht umsonst errichtete man an der exponierten Stelle einen Brandausguck. Auf dem Rückweg müssen dann allerdings ein paar Höhenmeter aufgestiegen werden.

Ausgangspunkt: Von Funchal mit dem Pkw über Monte zum Poiso-Pass. Dort biegt man rechts in die ER 202 in Richtung Santo da Serra ab und folgt dieser genau 4 km, bis eine Piste schräg die Straße quert, 1150 m.
Höhenunterschied: Jeweils 140 m im Auf- und Abstieg.

Anforderungen: Leichte Tour auf breiter Erdpiste, der kurze Abstecher auf den Lombo Comprido auf mitunter stark verwachsenem Pfad. Keine Schwindelgefahr.
Einkehr: Keine am Weg.

Von Poiso kommend folgen wir links der anfangs leicht aufwärtslaufenden Piste (evtl. Schild »Proibido fazar lumé«, Feuer machen verboten). Nach gut 100 m hält eine Schranke den motorisierten Verkehr außen vor. Wir schauen auf den mit Kiefern besetzten Rücken des Lombo Comprido, unterhalb des Kammes zieht sich der Weg durch immergrünen Heidebusch zum Pico do Suna hinab. Nach gut zehn Minuten biegen wir links in einen unscheinbaren Pfad ab (eventuell markiert ein Steinmännchen die Stelle). Dieser führt ziem-

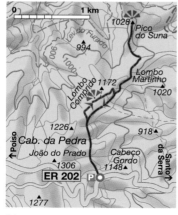

lich verwachsen durch Erika und Farne auf den **Lombo Comprido**. Auf dem Kamm stoßen wir auf einen quer verlaufenden, gut ausgetretenen Pfad, wir folgen ihm rechts abwärts und genießen dabei das tolle Panorama auf die Picos Arieiro und Ruivo. In einer Einsattelung teilt sich der Pfad, wir gehen rechts und treffen 3 Minuten später wieder auf die Piste. Dieser links folgend geht es nun bequem leicht abwärts.

Zwei rechts abzweigende Wege bleiben unbeachtet. Nach einer guten Viertelstunde auf der Piste gehen rechts gleich zwei Wege ab. Auch hier halten wir geradeaus auf die bewaldete Kuppe des Pico do

Hinter den smaragdgrünen Vorbergen baut sich der Pico do Arieiro auf.

Suna zu. 100 m weiter wird rechts am Weg ein etwas versteckt gelegener Brunnen passiert. Hier nehmen wir nicht den Pfad halb links, sondern bleiben auf dem Hauptweg, der nun leicht ansteigend zum Brandausguck auf dem **Pico do Suna** läuft. Die Tür in den Rundturm hinauf ist in der Regel verschlossen, doch auch von unten ist die Aussicht auf den Adlerfelsen nicht schlecht.

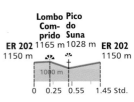

Die Nordküste

Viele Wolken und wenig Sonne charakterisieren klimatisch die wildromantische Nordseite von Madeira. Kommt die Sonne durch, zeigt sich die Natur umso reizvoller. Die Küstenberge fallen steil ab, Flüsse stürzen sich als Wasserfälle ins Meer.

Das weithin sichtbare landschaftliche Wahrzeichen an der Nordküste ist die **Penha de Águia**, der Adlerfelsen. Fast 600 m ragt der klotzige Fels aus dem Meer empor. Kaum zu glauben, dass er sich erwandern lässt (Tour 25). Am Fuß des Adlerfelsens duckt sich **Porto da Cruz**. Von dem Miniaturhafen wurde früher Zuckerrohr verschifft, der Schlot einer Zuckerfabrik erinnert an die große Zeit des »weißen Goldes« auf Madeira. Ein den ungestüm heranrollenden Atlantikwellen abgetrotztes Meeresschwimmbecken sorgt für eine bescheidene Bademöglichkeit.

An der Westseite vom Adlerfelsen liegt inmitten einer für madeirensische Verhältnisse weitläufigen Talebene **Faial**, dessen Wallfahrtskirche alljährlich im Mittelpunkt einer großen Pilgerfahrt steht. Rund um den Ort werden Wein, Früchte und Gemüse angebaut, so mancher Kleinbauer bietet seine Ernte direkt an der Straße an. An der alten Straße hinauf nach Santana genießt man von einem Aussichtspunkt einen imposanten Blick auf die Nordküste bis zur Halbinsel São Lourenço im äußersten Nordosten.

Santana ist für seine traditionellen Spitzgiebelhäuser bekannt (siehe Foto S. 105). Die strohgedeckten Dächer reichen bis auf den Boden hinab, von der dreieckigen Fassade leuchten farbenfroh gestrichene Türen und Fenster. Der beengte Wohnraum der Santana-Häuschen veranlasste allerdings die meisten Bewohner, sich in einem Neubau niederzulassen. So manchem Haus droht der Verfall. Zum Schutz der traditionellen Landarchitektur wurden etliche Musterhäuser als Freilichtmuseum herausgeputzt. Der Hauptort an der Nordküste ist Ausgangspunkt für Wanderungen in die gewaltigen Felsenkessel von Caldeirão Verde (Tour 28) und Caldeirão do Inferno (Tour 29). Über Achada do Teixeira ist es nur einen Katzensprung auf den Pico Ruivo, das Dach von Madeira (Tour 30).

Hinter Santana verbindet eine abenteuerliche Küstenstraße die wenigen Ortschaften im Norden miteinander. In **São Jorge** lohnt nicht nur ein Blick in die hübsche Barockkirche, auch die Wanderung zum alten Schiffsanleger ist ein Muss (Tour 26). Ein origineller Blickfang ist auch die in einer Flussmündung an den Fels geschmiegte Kapelle von **São Vicente**. Mit den Lavagrotten kann der Ort mit einer weiteren Sehenswürdigkeit aufwarten. Von den vor 400 000 Jahren entstandenen weitläufigen Vulkanröhren sind im Rahmen einer Führung 700 m begehbar.

Die »Wasserfalldusche« auf dem Weg nach Caldeirão do Inferno.

Im Angesicht des Adlerfelsens ins Tal der Ribeira de São Roque

Der Weiler Cruz liegt pittoresk auf einem Bergrücken zwischen Porto da Cruz und Faial. Die sehr schöne Route entlang der Levada do Castelejo läuft am oberen Rand der Siedlungsgrenze durch ein grünes Tal. Nach Ausblicken auf den Adlerfelsen bringt sie uns in das ursprüngliche Tal der Ribeira de São Roque. Eine über weite Strecken schattige Tour, selbst im Sommer erreicht die Sonne den Talgrund an der Quelle erst gegen Mittag.

Ausgangspunkt: Von Funchal mit Bus 53 nach Cruz, 240 m. Mit dem Pkw fährt man von Porto da Cruz auf der alten Küstenstraße in Richtung Faial bis Cruz. Von Faial bzw. Ribeiro Frio kommend biegt man in Moinhas direkt vor dem Tunnel Richtung Terra Baptista ab. Am Ortsschild von Cruz auf dem höchsten Punkt des Bergrückens zweigt ein mit »Levada« ausgeschildertes Sträßchen ab (schwie-rig zu parken, besser dem Sträßchen ein Stück bergan folgen und sich dann rechts halten).

Höhenunterschied: Jeweils 60 m im An- und Abstieg.

Anforderungen: Leichte Levadawande-rung, etliche ausgesetzte Passagen mit mittlerer bis hoher Schwindelgefahr sind jedoch nicht gesichert.

Einkehr: Snackbar Adega da Cruz am Wandereinstieg.

Variante: Man kann die Tour auch schon in Referta beginnen. Vom Busstopp geht man von der Durchgangsstraße 20 m in die Straße nach Achada hinein und steigt an der Treppe zur Levada ab. Die Gehzeit verlängert sich so um eine gute Stunde.

In **Cruz** biegen wir von der Durchgangsstraße am Schild »Levada do Castelejo« in ein schmales Sträßchen ein und folgen ihm durch das Dorf den Bergrücken hinauf. An der Gabelung halb links haltend treffen wir nach 10 Minuten auf die **Levada do Castelejo**, die unter dem Sträßchen entlanggeführt wird. Wir folgen der Levada entgegen der Fließrichtung nach rechts. Mit Blick auf den Adlerfelsen geht es zunächst durch eine bäuerlich geprägte Region, nach der Erntezeit liegen auf den Hausdächern Maiskolben zum Trocknen aus.

Im Quellgebiet der Levada do Castelejo.

Nach knapp 30 Minuten knickt die Levada links ins Tal der Ribeira de São Roque ab. Gegenüber sehen wir das pittoresk auf einen felsigen Bergrücken gesetzte Dorf São Roque. Je weiter wir ins Tal kommen, desto mehr gewinnt eine ursprüngliche Natur die Oberhand. Lila Prunkwinden ranken sich die Stämme von Kiefern und Akazien hoch. Das Tal wird enger, wir schließen langsam zum Flussbett auf und erreichen eine Stelle, an der die Levada unter einem riesigen Felsblock hervorkommt. Von hier hüpfen wir die letzten Meter bis zur **Fassung der Levada** (330 m) durch das steinige Bachbett. Am linken Ufer der Gumpen kann man auf einem felsigen Steig noch ein Stück flussaufwärts wandern. Auf einem der Felsblöcke lässt es sich von kleinen Wasserfällen umrauscht genüsslich rasten.

Anspruchsvoller Steig auf das Wahrzeichen der Nordküste

Mit seiner wuchtigen Form ist der Adlerfelsen eine weithin sichtbare Land-marke an der Nordküste. Der Fels verdankt seinen Namen den früher hier zahlreich nistenden Fischadlern. Schroff fällt der massige Klotz zu allen Sei-ten ab, und man denkt zunächst kaum, dass durch die Wand ein Weg auf das abgeplattete Gipfelplateau führt. Doch es gibt einen Steig. Auch wenn dabei einige Schweißtropfen verloren gehen, ist es doch ein lohnender Weg, der angesichts des überwältigenden Panoramas die Mühen des steilen Aufstiegs schnell vergessen macht.

Ausgangspunkt: Mit dem Pkw fährt man von Faial in Richtung Porto da Cruz, im Tal nach der Brücke biegt man links zum Weiler Penha de Águia de Baixo (130 m) ab. Am Restaurant Galé kann man parken. Wer mit dem Bus unterwegs ist, bittet den Fahrer am Abzweig nach Penha de Águia de Baixo anzuhalten. Von der Haltestelle erreicht man das Res-taurant Galé in knapp 20 Minuten.

Höhenunterschied: 460 m im Auf- und Abstieg.

Anforderungen: Anstrengender Steil-aufstieg auf steinigen, teils verwachse-nen Saumpfaden. Es empfehlen sich Trekkingstöcke und lange Hosen. Vor-sicht beim Abstieg, bei Nässe kann es rutschig sein. Schwindelgefahr niedrig bis mittel.

Einkehr: Restaurant Galé am Wegein-stieg.

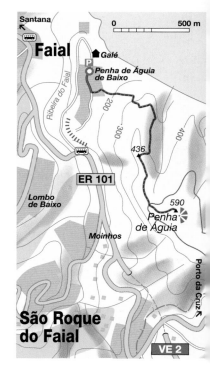

In **Penha de Águia de Baixo** folgen wir vom Restaurant Galé der Dorf-straße noch 200 m weiter, bis nach einer Garage links ein anfangs beto-nierter breiter Weg steil hangaufwärts läuft. Dieser erreicht eine hohe Mauer, an deren Ende rechts ein gestufter Betonweg zu einem 20 m oberhalb gelegenen weißen Häuschen mit rotem Dach führt. An

Der klotzige Adlerfelsen ist das Wahrzeichen der Nordküste. Im Vordergrund der Ort Faial; links hinter dem Felsen spitzt weit im Osten die Halbinsel São Lourenço hervor.

diesem steigen wir halb links auf einem Pfad weiter. Etwa 50 m nach dem Haus verschüttete ein Erdrutsch den alten Pfad, doch Wanderer haben einen neuen Trampelpfad angelegt. Danach geht es dann steil auf gestuftem Weg aufwärts. Nach einem kurzen, erholsamen Flachstück ist die **Nordflanke** (320 m) erreicht. Durch zunächst dichten Heidebusch führt der Weg in einen stattlichen Kiefernwald hinein, mannshohe Farne stellen den Unterwuchs. Durch die Kiefernkronen können wir das Tal von Faial ausmachen. Nach gut 40-minütigem Anstieg wird ein **Grat** (420 m) erreicht mit Ausblicken auf das Zentralmassiv. Auf diesem geht es zunächst relativ bequem in leichtem Auf und Ab durch Farne. Es wird nochmals steil, bis man dann unvermutet an der vierkantigen Messsäule des Penha de Águia (590 m) steht – Vorsicht, der Felsen fällt hier tatsächlich so steil ab, wie es von unten aussieht. Nach Süden bietet sich über das terrassierte Hangtal hinweg ein imposantes Panorama auf die Gipfelkette des Zentralmassivs. Zurück steigen wir wieder auf gleichem Weg nach **Penha de Águia de Baixo** ab und genießen dabei nochmals die Ausblicke ins grüne Tal von Faial.

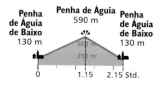

Panoramareiche Küstentour auf altem Pflasterweg

So manch alter Dorfverbindungsweg Madeiras ist der modernen Straßenplanung zum Opfer gefallen. Noch recht gut in Schuss ist der Pflasterweg von São Jorge zum Meer, von wo man einst nach Santana aufgestiegen ist. Spektakulär ist die Passage zum Schiffsanleger: Über der ungestüm heranrollenden Brandung ist der Weg direkt in den Fels geschlagen.

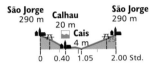

Ausgangspunkt: Mit dem Pkw oder Bus nach São Jorge, 290 m.

Höhenunterschied: Jeweils gut 300 m im An- und Abstieg.

Anforderungen: Steiler Ab- und Anstieg auf einem Pflasterweg. Auf dem Weg zum Schiffsanleger ist Schwindelfreiheit gefragt. In Calhau gibt es über dem steinigen Strand ein Freibad.

Kurztour: Autofahrer biegen von der ER 101 zwischen Santana und São Jorge in die Stichstraße (Schild »Piscina«) nach Calhau ab. Vom Parkplatz geht man den Pflasterweg an der Bogenbrücke hinauf, lässt das Schwimmbad rechts liegen und erreicht nach gut 5 Minuten am Brunnen den von São Jorge herabkommenden Pflasterweg. Dem Küstenweg weiter folgend wird nach einer Viertelstunde der Schiffsanleger erreicht.

Einkehr: Bar im Freibad in Calhau.

Startpunkt ist die Pfarrkirche von **São Jorge**. Das Portal des Barockbaus aus der Mitte des 18. Jahrhunderts steht tagsüber in der Regel offen, das Innere beherbergt einen der schönsten Barockaltäre der Insel. Vom Busstopp vor der Kirche folgen wir der Dorfstraße leicht aufwärts zu einer von drei stattlichen Dattelpalmen umstandenen Kapelle. Dort gehen wir auf der Rua São Pedro weiter geradeaus. Das Sträßchen läuft einen Rücken hinab und gibt linker Hand bald den Blick auf den Leuchtturm von São Jorge frei.

Am **Friedhof** am unteren Dorfrand gehen wir links das Sträßchen weiter abwärts und erreichen 3 Minuten nach diesem einen großen gepflasterten Picknickplatz. Von der Brüstung an der äußersten Ecke des Platzes bietet sich eine erste Schau

Ein in die Basaltwand gebauter Weg läuft zur alten Schifflände. Unter dem Betonsteig hängen noch die Reste der abenteuerlich anmutenden ehemaligen Holzkonstruktion.

auf den Kieselstrand von Calhau und einen von dort nach Santana hinaufführenden Zickzackweg.

Vom Picknickplatz steigen wir nun auf dem gepflasterten Madeira-Weg in Serpentinen zum Meer ab. Das Pflaster ist stellenweise weggebrochen, doch der Abstieg gestaltet sich problemlos. An einem Brunnen vor den Ruinen von **Calhau** mündet der Weg in den Küstenweg. Kaum zu glauben, dass der ehemalige Ort über Jahrhunderte einer der bedeutendsten Häfen an der Nordküste war. Wir folgen dem teils in den Fels geschlagenen Weg nach links (bei schönem Wetter lohnt rechts ein Abstecher ins Freibad). Dieser führt nun spektakulär etwa 15 bis 40 m oberhalb vom Meer entlang. Teile des Weges sind abgerutscht und verengen ihn mitunter auf Meterbreite. Bald zeigt sich der alte Schiffsanleger **Cais** an einem wie eine Brücke ins Meer vorgeschobenen Basaltvorsprung. Ein luftiger Betonsteig bringt uns an der senkrechten Wand entlang zur Mole. Vorsicht, der Beginn des Stegs ist weggebrochen und wurde bereits mehrfach behelfsmäßig repariert. Die Begehung ist nur etwas für absolut trittsichere Wanderer. Die aussichtsreiche Felsnase ist ein Treff der einheimischen Angler. Vom Cais gehen wir auf dem Küstenweg wieder 5 Minuten zurück, bis rechts ein steiler Zickzackweg den Hang hochläuft. Dieser mündet auf eine Straße, der links zum bereits einsehbaren Picknickplatz und von dort wieder nach **São Jorge** gefolgt wird.

Spaziergang durch das botanische Aushängeschild von Madeira

Die Region zwischen Pico das Pedras und Queimadas gehört zur Kernzone des Unesco-Weltnaturerbes, deren artenreiche Vegetation sich dem Wanderer erst auf den zweiten Blick erschließt. »Um caminho para todos«, ein Weg für alle, so wird auf einer Wandertafel der auch »PR Joel« genannte Spazierweg entlang der Levada do Caldeirão Verde umschrieben. Es gibt weder gähnende Abgründe noch finstere Tunnels, der ebene Weg ist immer genügend breit und bequem begehbar.

Ausgangspunkt: Von der Durchgangsstraße in Santana biegt man an der Repsol-Tankstelle in Richtung Pico Ruivo/Pico das Pedras ab und folgt der Straße 4 km bis zum Parkplatz Pico das Pedras, 870 m. Wer mit dem Bus nach Santana anfährt, nimmt sich von der Ortsmitte ein Taxi.

Höhenunterschied: Unwesentlich.
Anforderungen: Bequemer Spazierweg, der mitunter durch Niederschläge etwas aufgeweicht ist. Es besteht keine Schwindelgefahr.
Einkehr: Snackbar in Pico das Pedras wenige Meter unterhalb vom Parkplatz.

Die Wanderung beginnt in **Pico das Pedras** (870 m) an einer kleinen Bungalowanlage. Vom Parkplatz folgen wir dem durchgängig von einem Holzgeländer eingefassten breiten Weg. Links neben uns verläuft der zunächst unscheinbare Kanal der **Levada do Caldeirão Verde**, der anfangs fast wie ein natürlicher Bachlauf aussieht. Farne wuchern über dem Wasser, entlang des Kanals haben die Levadaarbeiter reichlich Hortensien angepflanzt. Wir wandern durch einen dichten Wald mit Eichen, Ahorn, Lorbeerbäumen und hochstämmigen Eukalyptusbäumen. Flechten und Moose an den Stämmen weisen auf die hohe Luftfeuchtigkeit in dieser Region hin.

Wildromantisch zeigt sich der Wald am felsigen Bachlauf der **Ribeira Silveira**, die auf einer Brücke gequert wird. Wenig später ist bereits die Pflaster-

straße in **Queimadas** (880 m) erreicht. Vor der strohgedeckten Casa do Abrigo gibt es einen Picknicktisch. Kinder zieht es zu dem wenige Schritte entfernten Ententeich. Wer will, kann von dort aus der Le-

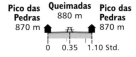

Santana-Häuschen am Wandereinstieg in Pico das Pedras.

vada do Caldeirão Verde weiter zum Wasserfall nach Caldeirão Verde folgen (siehe Tour 28). Nach einer Rast in Queimadas wandern wir auf gleichem Weg nach **Pico das Pedras** zurück.

Durch das Unesco-Weltnaturerbe in den grünen Kessel

Die Tour in den grünen Kessel zählt zu den spektakulärsten Levadawanderungen der Insel. Das Wasser schuf hier im Lauf der Evolution nicht nur imposante Schluchten, sondern zeichnet auch für die dschungelartige immergrüne Vegetation verantwortlich. Die Levada ist größtenteils in eine Felswand geschlagen, wobei es immer wieder erstaunt, wie es Bäumen und Sträuchern gelingt, sich an die senkrechten Hänge zu klammern. Am Endpunkt der Tour stürzt sich ein ordentlicher Wasserfall in einen kleinen Gumpen – abgehärtete Naturen nutzen das kühle Nass für ein Bad.

Die Levada Caldeirão Verde wird über weite Strecken durch eine senkrecht abfallende Wand geführt.

Ausgangspunkt: Von der Durchgangsstraße in Santana folgt man der Ausschilderung nach Queimadas. Das sehr enge Sträßchen endet nach 4,5 km an einem großen Parkplatz, 880 m. Wer mit dem Bus unterwegs ist, nimmt in Santana ein Taxi.

Höhenunterschied: Unwesentlich.

Anforderungen: Der anfangs breite und bequem begehbare Levadaweg wird im Verlauf der Tour immer enger, mitunter muss auf dem 30 cm schmalen Mäuerchen balanciert werden. Im Winter kann der Weg durch herabtröpfelnde Rinnsale feucht und rutschig sein. Schwindelgefahr niedrig bis mittel, stark ausgesetzte Passagen sind mit einem Drahtzaun gesichert. Für die Tunnels ist eine Taschenlampe notwendig.

Einkehr: Keine.

Variante: Man kann die Tour auch um eine gute Stunde verlängern, in dem man von Pico das Pedras aus startet (Tour 27).

Kombi-Tipp: Vom Caldeirão Verde lässt sich zum Caldeirão do Inferno wandern (Tour 29).

Am Rasthaus in Queimadas.

Vom Parkplatz in **Queimadas** gehen wir an der strohgedeckten Casa do Abrigo vorbei zum Ententeich. Hinter der Holzbrücke weist ein Schild (PR Caldeirão Verde) die Richtung. Der zunächst breite Weg entlang der **Levada do Caldeirão Verde** wird bald schmaler. Bis zu 100 m abfallende Stellen werden nicht als schwindelerregend empfunden, da dichter Bewuchs am Wegrand den Abgrund mildert. Bald haben wir einen Blick zur Nordküste hinunter, tief unten im Tal liegt idyllisch auf einem Plateau der Weiler Ilha.

An einer unpassierbaren Engstelle wird die Levada rechts auf einem Steig umgangen. Die Levada läuft dann in das Tal der **Ribeira dos Cedros** hinein, der Kanal wird hier elegant über das Schluchtbett geführt. Wir stoßen auf einen Wasserfall, der sich aus 50 m Höhe in die Levada ergießt. Vor dem Wasserfall können wir das Bachbett bequem queren. Es kommen nun einige schwindelerregende Stellen, die mit Drahtzäunen gut gesichert sind. Wir durchqueren einen Tunnel, der zwar nur 20 m lang, doch stockdunkel ist, da er sich in der Mitte krümmt.

3 Minuten darauf erreichen wir vor dem zweiten Tunnel den Abzweig nach Ilha (PR 1.1). Wir gehen geradeaus durch den mitunter feuchten, gut 200 m langen Tunnel. Kaum ha-

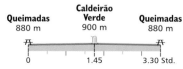

Queimadas 880 m	Caldeirão Verde 900 m	Queimadas 880 m
0	1.45	3.30 Std.

Im Tal der Ribeira Grande rücken die Bergflanken eng zusammen.

ben wir uns wieder ans Tageslicht gewöhnt, kommt der dritte Tunnel, der zwar einen einladend großen Eingang hat, sich jedoch schnell als eng und niedrig entpuppt. Und besonders unangenehm: Nach starken Regenfällen kann sich darin bis zu 10 cm hoch Wasser sammeln. Dafür hat er ein schönes Galeriefenster in der Mitte.

Nach einem vierten kurzen Tunnel läuft die Levada in die grandiose Schlucht der Ribeira Grande hinein. 15 Minuten nach dem letzten Tunnel verlassen wir vor einem breiten Überlauf die Levada auf einem felsigen Steig nach links hoch und stehen nach 100 m im **Caldeirão Verde**, einem beeindruckenden Kessel mit senkrecht hochstrebenden Wänden. Ein Wasserfall füllt am Fuß der Wand einen Tümpel auf. Sofern wir nicht zum Caldeirão do Inferno (Tour 29) wollen, gehen wir denselben Weg nach **Queimadas** zurück.

Ein Abenteuertrip der Superlative

Der Weiterweg vom »grünen Kessel« in den »Höllenkessel« gehört zu den faszinierendsten Levadarouten von Madeira. Es ist kaum nachvollziehbar, mit welchem Aufwand hier das ausgeklügelte Kanalsystem in die schwer zugängliche Bergwelt gelegt worden ist. Wasserfälle, Tunnels, Cañons und ein gewaltiger Kessel sind die Highlights der schwindelerregenden Tour.

Ausgangspunkt: Die Wanderung ist nur im Anschluss an Tour 28 möglich, gestartet wird im Caldeirão Verde.
Höhenunterschied: 110 m.
Anforderungen: Der Weiterweg vom Caldeirão Verde bleibt erfahrenen Levadawanderern vorbehalten. Der schwindelerregende Levadaweg ist so gut wie gar nicht gesichert, der Treppenaufstieg zum Pico-Ruivo-Tunnel kann mitunter rutschig sein. Für die zahlreichen Tunnels ist eine Taschenlampe notwendig.
Einkehr: Keine am Weg.
Kombi-Tipp: Durch den 2,4 km langen Pico-Ruivo-Tunnel kann zum Kraftwerk Fajã da Nogueira abgestiegen werden (Tour 21 rückwärts). Ersatzbatterien für die Taschenlampe nicht vergessen!

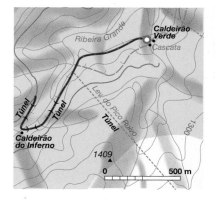

Vom **Caldeirão Verde** folgen wir weiter der **Levada do Caldeirão Verde**, eine Tafel warnt vor dem stellenweise stark ausgesetzten Weg. Reste von einem Drahtzaun sind eher eine psychologische Stütze, der Hang fällt steil ins Tal der Ribeira Grande ab. Nach einer guten Viertelstunde kommen wir

an eine unpassierbare Stelle, die unterhalb des Kanals über einen gerölligen Hang umgangen wird. 100 m weiter verlassen wir die Levada und steigen links den in Fels geschlagenen Treppenweg auf (geradeaus erreicht man nach 2 Min. die Quelle der Levada do Caldeirão). Der meist feuchte Treppenweg bringt uns zum

Lindgrüne Gumpen vor der Steilwand des Caldeirão do Inferno.

109

Vor der Wand des Höllenkessels.

80 m höher gelegenen **Pico-Ruivo-Tunnel** hinauf. Wir nehmen den rechten Tunneleingang und gehen sofort rechts durch einen 5 m langen Stollen und nach diesem an einem mit einem Drahtzaun gesicherten Wasserbecken entlang. 50 m nach dem Becken stehen wir vor einem Tunnel, vor dessen Eingang sich ein Wasserfall auf den Levadaweg stürzt. Je nach Witterung kommt man um eine kleine Dusche nicht herum, doch normalerweise kann man den Wasserfall links umgehen, ohne groß nass zu werden (siehe Foto Seite 97).

Auf den kurzen Tunnel folgt ein etwa 150 m langer Tunnel, der am Ende nur etwa 1,60 m hoch ist. Danach sollten wir den Abgrund neben der Levada im Auge behalten. Ein weiterer Tunnel ist anfangs niedrig (Kopf einziehen) und hat vier Galeriefenster. Zum Tunnelende hin geht es leicht aufwärts, neben uns rauscht die Levada vorbei, vor uns hört man das Dröhnen von Wasserfällen. Über ein paar Stufen verlassen wir den Tunnel und stehen an einem der spektakulärsten Plätze von Madeira. Die Ribeira Grande hat hier eine **enge Klamm** geschaffen, zwei solide Metallgitterbrücken führen darüber hinweg und zwei Wasserfälle schießen in die Levada hinein. Nach der zweiten Brücke geht es durch einen schmalen Eingang (ist nichts für Korpulente und große Rucksäcke) durch einen circa 80 m langen Tunnel. Nach drei weiteren Tunneln stehen wir schließlich im **Caldeirão do Inferno**. Die senkrecht hochlaufenden Wände sind zwar nicht ganz so eng wie der Kessel Caldeirão Verde, dafür mehr als doppelt so hoch. Wir gehen auf demselben Weg zum **Caldeirão Verde** zurück.

Caldeirão Verde 900 m	Caldeirão do Inferno 1010 m 1000 m	Caldeirão Verde 900 m
0	1.00	2.00 Std.

In der Klamm der Ribeira Grande.

Zentralmadeira und Curral das Freiras

Madeiras Ruf als Wanderparadies gründet sich nicht nur auf faszinierende Levadawege. Das Zentrum wird von einem alpin anmutenden Bergmassiv dominiert, dessen höchste Gipfel fast auf 1900 m hinaufreichen. Das Rückgrat der Insel ist vulkanischen Ursprungs und erhob sich vor 20 Millionen Jahren aus dem Meer. Die erodierende Kraft von Wind und Regen modellierte bizarre Felszacken, Wildwasser schuf tief eingekerbte Schluchten. Die weichen Tuffschichten wurden weggewaschen und hinterließen durch Verwitterung freigelegte Gesteinsgänge aus hartem Basalt.

Eine Panoramastraße führt direkt ins Herz der Bergwelt hinauf zum **Pico do Arieiro**, dem mit 1818 m dritthöchsten Inselgipfel. Vom Parkplatz unterhalb der neuen Radarstation steigt man in wenigen Stufen zur Gipfelsäule auf und genießt eine erhabene Aussicht auf die von Felstürmen, Kämmen und Tälern gegliederte urweltliche Szenerie. Ein gut ausgebauter Steig (Tour 31) verbindet auf grandiose Art und Weise die drei höchsten Gipfel Madeiras miteinander – die Tour ist ein Muss für jeden Bergwanderer.

Vom Pico do Arieiro kann man auch einen Blick hinab nach **Curral das Freiras** werfen. Der »Stall der Nonnen« erhielt seinen Namen durch Ordensschwestern des Klosters Santa Clara, die 1566 aus Furcht vor Piraten von

Morgenstimmung für Romantiker: Sonnenaufgang am Miradouro Ninho da Manta, rechts der Pico do Arieiro.

Spektakulärer Treppenweg über einen Felskopf am Pico do Arieiro (Tour 31).

Funchal über verschlungene Gebirgspfade in das abgeschiedene Tal flüchteten. Ursprünglich ging man davon aus, dass das wie ein Kessel geformte Tal ein Vulkankrater sei. Geologen wiesen nach, dass die jahrmillionenlange Erosionskraft des Curral-Flusses die von den höchsten Gipfeln Madeiras umringte Senke ausgewaschen hat. Curral das Freiras ist erst seit 1959 an das Straßennetz angeschlossen, Strom aus der Steckdose gibt es seit 1962. Die alten, teils gepflasterten Abstiegswege in den Kessel sind alle noch gut erhalten und machen das Nonnental zu einem interessanten Wanderziel.

Luftiger Aufstieg auf den höchsten Inselgipfel

Madeiras höchster Berg steht allen offen – ein bequemer Pflasterweg macht den Aufstieg in weniger als einer Stunde fast zum Spaziergang. Klar, dass man nicht erwarten darf, alleine an der Gipfelsäule zu stehen. Selbst die weidenden Schafe haben sich an die zahlreichen Gipfelstürmer gewöhnt und geben sich zutraulicher als anderswo. Kurz unterhalb vom Pico können Sie sich in Madeiras einzig bewirtschafteter Berghütte erfrischen.

Ausgangspunkt: In Santana folgt man an der Repsol-Tankstelle der Ausschilderung »Pico Ruivo« und erreicht über Pico das Pedras nach 10 km den Parkplatz an der Achada do Teixeira, 1592 m. Die Straße ist täglich von 7 bis 19 Uhr geöffnet, am Pico das Pedras wird sie nachts mit einem Schlagbaum gesperrt. Mit dem Bus fährt man bis Santana, nimmt sich von dort aus ein Taxi zur Achada und vereinbart mit dem Fahrer auch eine Abholzeit nach beendeter Wanderung.

Höhenunterschied: 270 m im Auf- und Abstieg.

Anforderungen: Bei schönem Wetter eine leichte Bergtour mit einfacher Orientierung; der Weg ist fast durchgängig gepflastert. Die Region ist allerdings im Winter oftmals wolkenverhangen, auch starke Winde können zusetzen.

Einkehr: In der Berghütte Pico Ruivo gibt es einen Getränkeverkauf, vor der Hütte einen Brunnen mit Trinkwasser.

Kombi-Tipps: Vom Pico Ruivo sind Anschlusstouren zum Arieiro (Tour 31) und Encumeada-Pass (Tour 32) möglich.

Variante: Zurück an der Achada do Teixeira kann über Queimadas nach Santana abgestiegen werden. Vorbei an dem Felsen Homem em Pé läuft ein Weg bergab, der auf die Zufahrtsstraße zur Achada trifft und links von dem Aussichtspunkt weiter bis hinunter nach Queimadas führt. In Queimadas steigt man auf einem schmalen und sehr steilen Sträßchen weiter nach Santana ab (wochentags hält sich der Verkehr in Grenzen). Für die insgesamt 1200 m Höhenmeter sind 3 Std. zu veranschlagen.

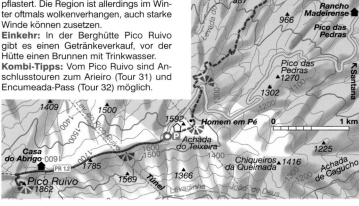

Panorama vom Pico Ruivo auf die Hochebene Paul da Serra.

Wir beginnen die Tour zunächst mit einem kurzen Abstecher zum Homem em Pé. Vom Parkplatz an der **Achada do Teixeira** (1592 m) halten wir auf das Berghaus zu, ein Pfad führt rechts an der Hütte vorbei. Nach 2 Minuten wenden wir uns nach links und sehen bereits die markante Felsformation unter uns (hin und zurück 10 Minuten).

Zurück am Parkplatz markiert der Wegweiser »PR 1.2 Pico Ruivo« den Gipfelaufstieg. Kurz nach dem Schild beginnt der nicht zu verfehlende Pflasterweg über den lang gezogenen Bergrücken. Spätestens von der ersten Schutzhütte aus genießen wir grandiose Panoramen auf den Pico do Arieiro und zurück auf die Nordküste bis zur Ponta de São Lourenço im Osten. Kurz nach der zweiten Schutzhütte können wir nun auch den Pico Ruivo und die unterhalb davon gelegene Berghütte sehen. Wir kommen an einer dritten Hütte vorbei und treffen unterhalb der Pico-Ruivo-Berghütte auf den PR 1, der vom Pico do Arieiro herüberkommt (Tour 31). Rechts bergan wird nach 2 Minuten die 1939 erbaute **Berghütte Pico Ruivo** (1775 m) erreicht.

Vorbei am Brunnen und WC-Häuschen steigen wir weiter auf dem Treppenweg auf. An dem Abzweig 5 Minuten darauf halten wir uns links und schlagen nach steilem Aufstieg an der Gipfelsäule des **Pico Ruivo** (1862 m) an. Ein imposantes Rundumpanorama – die ganze Insel liegt uns zu Füßen.

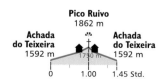

Vom Pico do Arieiro auf den Pico Ruivo, 1862 m

5.00 Std.

Die Königstour auf das Dach von Madeira

Eine spannendere Bergwanderung können Sie auf Madeira nicht unternehmen. Der vor fast 50 Jahren von der Inselverwaltung angelegte Höhenweg verbindet die drei höchsten Berge auf spektakuläre Weise miteinander. Für die Tour sollten Sie bereits in aller Frühe am Berg sein, gegen Mittag hüllen aufziehende Wolken vielfach die Gipfel in Watte ein.

Ausgangspunkt: Mit Pkw oder Taxi über Poiso zum Parkplatz am Pico do Arieiro, 1818 m.
Höhenunterschied: Jeweils 780 m im An- und Abstieg.
Anforderungen: Sehr anspruchsvolle Bergtour auf teils gepflasterten und gestuften, teils steinigen Saumpfaden. Ausgesetzte Passagen sind gesichert. Für die Steilanstiege ist Kondition erforderlich, für die Tunnels eine Taschenlampe.
Hinweis: Die wegen eines Waldbrandes

2010 gesperrte Route soll im Frühsommer 2011 wieder geöffnet werden. Infos unter www.madeiraislands.travel (»Praktische Informationen«, Stichwort »Warnhinweis für Wanderer«, Wanderung PR 1.2).
Einkehr: Getränke in der Berghütte Pico Ruivo.
Varianten: Wer nicht zum Pkw zurückmuss, kann über Achada do Teixeira und weiter nach Santana absteigen (Tour 30). Weitwanderer können vom Pico Ruivo zum Encumeada-Pass (Tour 32) wandern.

Abstieg vom Arieiro zum »Bussardnest«.

Vom Parkplatz am **Pico do Arieiro** steigen wir zunächst zur Gipfelsäule direkt neben der Radarkuppel auf. Nach einer Orientierungsminute auf dem Pico do Arieiro folgen wir 10 m unterhalb vom Gipfel dem Pflasterweg bergab (PR 1). Eine Viertelstunde darauf erreichen wir den **Miradouro Ninho da Manta** (das »Bussardnest«), von dem wir einen grandiosen Tiefblick in das Tal der Ribeira da Fajã da Nogueira genießen.

Ein kurzer Gegenanstieg über einen spektakulären Felsenturm (siehe Foto S. 113) bringt uns zu einer weiteren Aussichtskanzel. Der Wegverlauf um die Ostflanke des Pico das Torres liegt nun klar vor uns. Über ein mit Drahtseilen gesichertes Wegstück steigen wir zum **Tunnel Pico do Gato** ab. 3 Minuten nach dem meist feuchten, 50 m langen Tunnel

Der Tunnelweg (rechts unten im Bild) am Pico das Torres.

gabelt sich der Weg. Rechts beginnt die Ostroute um den Pico das Torres, links die Westroute auf dem nach jahrelanger Sperrung seit 2008 wieder geöffneten »Tunnelweg«. Beide Wegvarianten sind spektakulär, wir entscheiden uns von daher für den »Rundtrip« und beginnen mit der **Ostroute**, gehen also rechts. (Wer sich den sehr steilen Anstieg auf der Ostroute ersparen will, geht den zudem etwas kürzeren Tunnelweg hin und zurück.) Der Steilanstieg beginnt

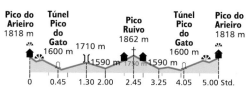

117

nach dem Schild »Fonte«, größtenteils gestuft führt der Pfad fast eine halbe Stunde an der Ostseite des Pico das Torres hinauf. An einer Scharte können wir die Nordküste und den Adlerfelsen ausmachen, auch der Pico Ruivo mit der unterhalb davon gelegenen Berghütte zeigt sich erstmals in voller Größe. Von der Scharte steigen wir auf teils steinigem Pfad vom Pico das Torres ab. Höhe haltend werden mehrere faltige Taleinschnitte umlaufen, bis am Ausgang eines Tunnels die Westroute auf unseren Weg einmündet (1590 m). Wir gehen hier rechts.

Nach nochmals halbstündigem Anstieg treffen wir unterhalb von der Ruivo-Hütte auf den von Achada do Teixeira hochkommenden Pflasterweg (Tour 30) und erreichen 2 Minuten später die **Berghütte Pico Ruivo**. Vorbei am Brunnen und WC-Häuschen beginnt nun die letzte Etappe hinauf zum höchsten Inselgipfel. An dem Abzweig 5 Minuten darauf halten wir uns links und stehen nach kurzem Steilanstieg an der Gipfelsäule des **Pico Ruivo**.

Nach einer ausgiebigen Schau steigen wir wieder bis zu dem Tunnel ab, an dem sich Ost- und Westroute treffen (1590 m). Hier gehen wir nun rechts durch den 20 m langen Tunnel auf der teils in die Wand geschlagenen Westroute weiter. Nach drei weiteren kurzen Tunneln von maximal 20 m Länge geht es durch einen etwa 200 m langen Tunnel. Von seinem Ausgang zieht der spektakuläre Weg kurz darauf in den nächsten Tunnel hinein. Dieser ist etwa 100 m lang, doch leicht gekrümmt, man kann von daher zunächst den Ausgang nur erahnen.

Nach dem Tunnel öffnet sich ein wunderbarer Tiefblick auf die terrassierten Felder im Nonnental. Kurz nach zwei in die Wand geschlagenen Höhlen treffen wir wieder auf die Ostroute. Auf bekanntem Weg geht es von hier durch den **Tunnel Pico do Gato** und nach nochmals sehr steilem Anstieg zum **Pico do Arieiro** zurück.

Die Königstour zum Pico Ruivo bietet alpine Einlagen.

Kammwanderung der Superlative über die Wetterscheide von Madeira

Der Kammweg zum Encumeada-Pass gehört zu den großen alpinen Bergtouren von Madeira und man sollte sich nicht von der umständlichen Anfahrt abhalten lassen. Besonders reizvoll: Der Weg wechselt mehrmals die Kammseite und erlaubt mal Blicke auf die Nordküste, mal auf die Südseite nach Curral und Ribeira Brava. Dazwischen liegen von dichtem Heidebusch überwachsene Wegpassagen, das dichte Kronendach der Bäume lässt mitunter nur ein diffuses Streulicht zu.

Ausgangspunkt: Von Santana mit dem Taxi zur Achada do Teixeira, 1592 m.
Rückfahrt: Vom Encumeada-Pass nach Funchal mit Bus 6.
Höhenunterschied: 530 m im Aufstieg und gut 1100 m im Abstieg.
Anforderungen: 14 km lange anspruchsvolle Bergwanderung mit steilen An- und Abstiegen. Der teils steinige Weg ist durchgängig gelb-rot markiert.
Einkehr: Getränkeverkauf in der Berghütte Pico Ruivo, Snackbar am Encumeada-Pass.
Variante: Konditionsstarke Wanderer fahren mit dem Pkw zum Encumeada-Pass und machen von dort die Tour bis zum Pico Ruivo und wieder zurück zum Pass. Die umständliche Anfahrt über Santana lässt sich so umgehen. Der Einstieg am Encumeada-Pass ist an der Straßengabelung in Richtung São Vicente. Für den Hin- und Rückweg inklusive Besteigung des Pico Ruivo sind 8–9 Std. einzukalkulieren. Jeweils fast 1400 Höhenmeter im Auf- und Abstieg.
Hinweis: Die Tour ist wegen des Waldbrands 2010 zwischen Boca das Torrinhas und dem Encumeada-Pass vorübergehend gesperrt. Aktuelle Infos unter www.madeiraislands.travel (»Praktische Informationen«, Stichwort »Warnhinweis für Wanderer«, Wanderung PR 1.3).

Vom Parkplatz an der **Achada do Teixeira** steigen wir auf dem bequem begehbaren Treppenweg den lang gezogenen Bergrücken zum Pico Ruivo auf (PR 1.2). Spätestens von der ersten Schutzhütte aus genießen wir eine grandiose Aussicht auf den Arieiro und zurück auf die Nordküste bis zur Halbinsel São Laurenço im Osten. Nachdem wir weitere Unterstände passiert haben, erreichen wir die **Berghütte Pico Ruivo**. Neben der Hütte können wir an einem Brunnen die Trinkwasservorräte auffrischen. Am Brunnen steigen wir weiter den Treppenweg an und gelangen nach 5 Minuten zum Ab-

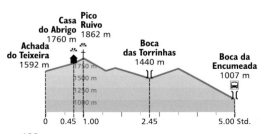

Die Tour beginnt auf einem gut ausgebauten Pflasterweg.

zweig zum Gipfel. Wer nicht zum **Pico Ruivo** hinauf will (hin und zurück 20 Minuten), geht geradeaus gleich auf dem PR 1.3 in Richtung Encumeada weiter. Der rotbraune Weg läuft die Nordwestflanke des Pico Ruivo hinunter. Nach Süden zu ergeben sich bald schöne Tiefblicke in das Nonnental, an dessen Westrand der Pico Grande die Szene beherrscht.

Nach ständigem Auf und Ab wird 1¼ Std. nach dem Pico Ruivo eine Verzweigung erreicht. Links abwärts geht es nach Curral das Freiras, wir wählen leicht ansteigend den rechten Strang. Kurz darauf führt links vom Weg ein

Trampelpfad auf eine kleine Lichtung, auf der man kampieren könnte. Nun folgt auf der nördlichen Kammseite ein mit einem Drahtseil gesicherter steiler Abstieg, bei Nässe sind die Steigstufen rutschig. Auch nach den Stufen sollte man vorsichtig sein, der Weg verengt sich zu einem mitunter verwachsenen, teils ausgesetzten Saumpfad. Nach einem steilen Gegenanstieg wechselt der Weg wieder auf die Curral-Seite. Am Wegkreuz an der **Boca das Torrinhas** (1440 m) erwartet uns ein Schilderwald: Im spitzen Winkel führt links abwärts der

Ausblick in das Tal von São Vicente.

PR 2 nach Curral, rechts läuft der PR 2 nach Lombo do Urzal. Nach einer Pause steigen wir geradeaus weiter auf dem PR 1 den teils gestuften Weg auf. Nach halbstündigem kräftigem Gegenanstieg – an zwei Gabelungen hält man sich jeweils rechts – ergibt sich auf 1650 m kurz unterhalb vom Gipfel des **Pico do Jorge** nochmals ein feines Panorama auf die höchsten Inselberge.

Nun beginnt der lange Abstieg zum Encumeada-Pass. Immer wieder begeistert die Aussicht über das Tal von São Vicente bis zu den Küstenfelsen von Porto Moniz im äußersten Nordwesten. Bei klarem Wetter können wir auf der Hochebene Paul da Serra die Windräder ausmachen. Auf einem nur sanft abfallenden, teils Höhe haltenden Wegstück zieht der Pfad am Fuß der mächtigen Wand des **Pico Ferreiro** entlang und bald öffnet sich auch der

Abstieg vom Pico Ruivo auf den Ost-West-Grat des Zentralmassivs.

Blick ins Ribeira-Brava-Becken. Einige Minuten darauf können wir erstmals die Sendemasten am Encumeada-Pass sehen. An einem Felsüberhang mit einer Bank darunter bietet sich eine kurze Rast an, danach setzt sich der Abstieg auf vielen Stufen zum Pass fort. Der Treppenweg mündet schließlich in einen Schotterweg, auf dem wir rechts abwärts die Straße am **Encumeada-Pass** (1007 m) erreichen. Der Busstopp ist an der Snackbar Encumeada.

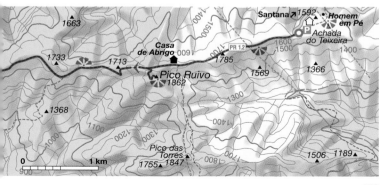

Ein Abstieg aus der Vogelperspektive

Viele alte Wege führen hinab ins Nonnental, das bis noch vor wenigen Jahrzehnten nicht ans Straßennetz angeschlossen war. Der Pflasterweg von Eira do Serrado ist der kürzeste und vom Startpunkt aus gesehen sicherlich auch der spektakulärste Zugang in den Kessel.

Ausgangspunkt: Mit dem Pkw fährt man von Funchal Richtung Curral das Freiras bis zum neuen Tunnel und biegt davor in die alte Trasse nach Eira do Serrado ab, 1094 m. Mit Bus 81 von Funchal bis Eira do Serrado – Achtung, nicht alle Busse dieser Linie fahren Eiro do Serrado an (siehe Fahrplan S. 26/27).
Rückfahrt: Von Curral das Freiras mit

Bus 81 zurück zum Ausgangspunkt bzw. nach Funchal.
Höhenunterschied: 475 m im Abstieg.
Anforderungen: Steiler Abstieg auf fast durchgängig gepflastertem Weg. Niedrige Schwindelgefahr.
Einkehr: Bar in Eira do Serrado; das Restaurant Nun's Valley mit diversen Kastanienspezialitäten in Curral das Freiras.

Panorama auf Curral de Baixo im Nonnental.

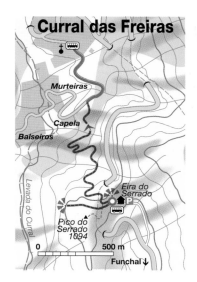

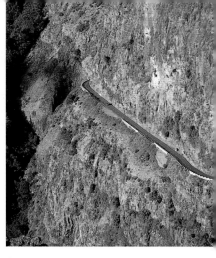

Die Trasse der alten Landstraße nach Curral das Freiras ist genauso spektakulär wie der Wanderweg.

Bevor wir den Abstieg beginnen, sollten wir uns vom Aussichtspunkt **Eira do Serrado** den imposanten Gesamtüberblick nicht entgehen lassen. Dazu folgen wir vom Parkplatz aus, an den Souvenirgeschäften und dem Panoramalokal vorbei, dem Pflasterweg 5 Minuten aufwärts zur **Aussichtsplattform** (Miradouro). Von der Panoramakanzel bricht der Fels fast senkrecht ab und erlaubt eine grandiose Schau ins 450 m tiefer gelegene Nonnental. Auf der gegenüberliegenden Talseite beherrscht der Pico Grande die Szenerie.

Zurück am Parkplatz führen am Schild »Eira do Serrado 1094 m« Stufen in einen Kastanienwald hinab, die sogleich in einen Pflasterweg übergehen. Sobald sich der Wald lichtet, wird der Blick auf die wie an die Steilwand geklebte, doch durch Steinschlag arg ramponierte alte Straße nach Curral frei. Der Weg windet sich in Kehren bergab, sodass wir höhenmäßig schnell auf das Niveau der Straße gelangen. Als exponierter Rastplatz bietet sich der Felsvorsprung am **Strommast** an. Kurz vor der Straße ist ein Stück der alten Trasse weggebrochen, ein Trampelpfad hilft über die ausgesetzte Stelle hinweg. Nach kurzem Gegenanstieg mündet der Weg an einem Picknicktisch in die **ER 107**. Dieser aufwärts folgend biegen wir nach 10 Minuten an der Snackbar Nun's Terrace links zur Kirche von **Curral das Freiras** ein.

Der Kastanienweg über den Pass der Verliebten

Der aussichtsreiche Weg über den Pass der Verliebten war früher von der Südküste die wichtigste Verbindung in das abgeschiedene Nonnental. Besonders pittoresk ist die Tour im Herbst, wenn sich das Laub der Maronenbäume goldrot färbt.

Ausgangspunkt: Von Funchal aus mit Bus 96 nach Corticeiras, 750 m.
Rückfahrt: Von Curral das Freiras mit Bus 81.
Höhenunterschied: 560 m im Anstieg und 660 m im Abstieg.
Anforderungen: Anspruchsvolle Bergtour mit steilen Auf- und Abstiegen auf teils steinigen und bei Nässe rutschigen Pfaden. Mittlere Schwindelgefahr, ausgesetzte Passagen sind nicht gesichert.
Einkehr: Mehrere Restaurants in Curral das Freiras.

Wir beginnen die Tour in **Corticeiras** an der Bar Bilhares gegenüber vom Trafoturm. Von dort folgen wir der mit Boca da Namorados ausgeschilderten Straße, gehen nach 200 m an der Kreuzung geradeaus (nicht halb links) und passieren nach weiteren 500 m das Tor der Quinta Mis Muchachos. 15 m nach der Quinta gehen wir links die neue Pflasterstraße steil aufwärts zur Zufahrt von einem Reitstall (Centro hipico). Von dort steigen wir weiter geradeaus auf teils noch altem Pflaster durch Eukalyptuswald zum Park- und Rastplatz an der **Boca dos Namorados** (1060 m), dem Pass der Verliebten, auf. Vom Geländer an der Passhöhe bietet sich ein wunderbares Panorama auf das im Kessel gelegene Curral. Auf halber Höhe können wir am Pico do Cedro einen Strommast, das nächste Etappenziel, ausmachen. Am Pass gehen wir links den anfangs gepflasterten Weg weiter, der bald steil bergab läuft. Der Weg kann

Das Nonnental vor dem Zentralmassiv.

durch Geröll und Laub stellenweise verschüttet und mitunter verwachsen sein. Im Zickzack erreichen wir den Felssporn **Pico do Cedro** am Strommast – bei schönem Wetter ein beschaulicher Rastplatz. Unterhalb der ersten Häuser überqueren wir ein Bachbett, nach diesem folgen wir einem Betonweg aufwärts. Am ersten Haus ist ein abgerutschtes Wegstück provisorisch überbrückt. An einem Abzweig halten wir links die Stufen aufwärts und gelangen nach wenigen Schritten zur Straße in **Lombo Chão**. Hier könnte man die Wanderung beenden und auf den Bus der Linie 81 warten. Die Straße steigt zuerst kurz an und bringt uns dann in den Talgrund hinab. Über eine **Brücke** wird das Bett der Ribeira do Curral das Freiras gequert. Wir folgen der Straße bergauf und steigen nach der ersten Rechtskurve den alten Treppenweg nach Curral das Freiras auf. Die Straße wird die nächsten 10 Minuten zweimal gequert, beim dritten Mal treffen wir auf die schräg unter der Straße verlaufende **Levada do Curral**. Die Straße links bergauf gehend passieren wir nach 200 m acht Briefkästen; hier gehen wir links die Stufen hinab und sind nach 25 m wieder auf dem alten Pflasterweg, der auf die Kirche von **Curral das Freiras** (650 m) zuhält. Taxistand und Busstopp sind nahe der Kirche an der Dorfstraße.

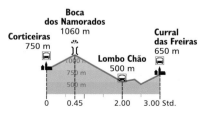

Abstieg über den Eselspass ins Nonnental

Der alpin anmutende Höhenweg zum Fuß des Pico Grande darf angesichts der wechselnden Aussichten ohne Übertreibung grandios genannt werden. Der folgende Abstieg führt allerdings ziemlich steil durch dichte Maronenwälder in den Curral-Kessel hinab.

Ausgangspunkt: Parkplatz am Forsthaus Boca da Corrida, 1235 m.
An- und Rückfahrt: Von Funchal fährt der Bus 96 über Estreito de Câmara de Lobos bis Jardim da Serra. Von dort müssen die letzten 3 km bis Boca da Corrida zu Fuß zurückgelegt werden (sehr steil). Am besten nimmt man bereits von Estreito de Câmara de Lobos ein Taxi zur Boca da Corrida (einen großen Taxiplatz gibt es an der Kirche). Zurück von Curral das Freiras nach Funchal

mit Bus 81.
Höhenunterschied: 200 m im Aufstieg und 800 m im Abstieg.
Anforderungen: Bis Boca do Cerro bequemer breiter Weg, dann steiler Abstieg, Vorsicht bei Nässe. Trittsicherheit erforderlich, hohe Schwindelgefahr.
Einkehr: Bar in Fajã Escura; Restaurants in Curral das Freiras.
Kombi-Tipp: Die Wanderung lässt sich mit der Besteigung des Pico Grande verbinden (Tour 36).

Vom Parkplatz am Forsthaus der **Boca da Corrida** folgen wir an der Kapelle zunächst dem Pflasterweg 15 Meter bergan (PR 12 Encumeada). Links zieht eine Betonpiste durch zwei Pfosten aufwärts, wir halten uns jedoch halb

Der Panoramaweg zur Boca do Cerro erlaubt prächtige Ausblicke ins Zentralmassiv.

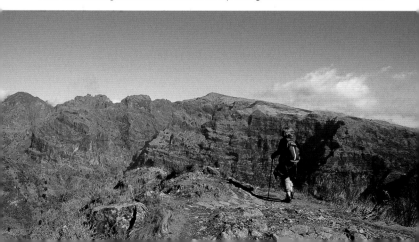

rechts und steigen über ein paar Stufen steil bergauf. Nach knapp 10 Minuten haben wir einen herrlichen Ausblick auf den vor uns thronenden Pico Grande, rechts unten im Kessel liegt das Wanderziel Curral das Freiras. Der Weg wechselt auf die andere Kammseite, jetzt mit Blick auf den Encumeada-Pass. Wieder zurück auf der Curral-Seite passieren wir die Scharte Boca dos Corgos und steigen zum Passo de Ares auf.

Nach einer guten Stunde heißt es aufgepasst. Kurz vor der **Boca do Cerro** (1300 m) – dem Eselspass – ist der Weg für etwa 50 m gepflastert. Der Pfad läuft dann Höhe haltend durch Stechginster auf dem nun schmalen Kamm entlang. 4 Minuten nach der Pflasterung zweigt rechts ein deutlicher Pfad ab. Über ein paar Trittstufen steigen wir hier etwa 30 m steil zum Kamm auf. Auf

diesem gabelt sich der Weg: Links geht es hinauf zum Pico Grande (Tour 36). Wir gehen jedoch geradeaus abwärts, auf den ersten Schritten ist der Pfad eventuell stark von Ginster verwachsen. Teils sehr ausgesetzt und ungesichert zieht sich der Weg bald in Serpentinen steil hangabwärts.

Eine knappe halbe Stunde nach dem Eselspass läuft der Weg spektakulär wie auf einer Brücke über einen schmalen nur zweieinhalb Meter breiten **felsigen Rücken**. Durch den Kastanienwald wird ab und an der Blick auf die tief unten liegende Straßenbrücke in Fajã Escura frei. Nach weiterem steilem Abstieg mündet der Pfad 40 Minuten ab dem felsigen Rücken in einen Forstweg, der uns ins Dorf **Fajã Escura** bringt. An der Straßengabelung unterhalb

der Snackbar »O Lagar« befindet sich eine Bushaltestelle. Wer nicht hier auf den Bus warten will, folgt links der Straße abwärts zur Brücke im Talgrund, an der sich ein weiterer Busstopp befindet. Zu Fuß erreicht man nach der Brücke auf der Straße rechts haltend in 30 Minuten das Zentrum von **Curral das Freiras**.

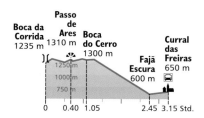

Rassige Gipfeltour mit alpinem Charakter

Der Pico Grande zählt höhenmäßig nicht zu den Top Ten von Madeira, doch was den Schwierigkeitsgrad des Aufstiegs und auch die Aussichtsqualitäten angeht, gehört er ganz klar zur ersten Garde. Der auf einem mächtigen Sockel aufsitzende, frei stehende Bergstock fasziniert im Gipfelbereich durch von Wind und Wasser bizarr geschliffene Tuff-Formationen.

Ausgangspunkt: Von Funchal fährt Bus 96 bis Jardim da Serra. Von dort müssen die letzten 3 km bis Boca da Corrida zu Fuß aufgestiegen werden (hin und zurück 1.30 h zusätzliche Gehzeit).

Mit dem Pkw nimmt man von der Autobahn Funchal – Ribeira Brava die Ausfahrt Estreito de Câmara de Lobos und fährt in den Ort hinauf. Unterhalb der Kirche (4,1 km) weist ein Schild scharf rechts hinauf nach Jardim da Serra. Die Straße führt an der Kirche vorbei durch das Ortszentrum von Estreito. An der Gabelung 600 m oberhalb von der Kirche hält man sich links in Richtung Jardim da Serra (rechts geht es zur Boca das Namorados) und an der nächsten Gabelung (5,9 km) ebenfalls links die Estrada das Romeiras aufwärts. Nach 7,5 km fährt man in Jardim da Serra (kein Ortsschild) in Richtung Hotel Quinta do Jardim da Serra, 100 m weiter weist rechts ein Schild erstmals zur Boca da Corrida. Nach 10,2 km geht die Teerstraße in eine steile Pflasterstraße über (Vorsicht bei Nässe und altem Laub), auf der schließlich nach insgesamt 12,4 km ab der Autobahn Boca da Corrida erreicht wird, 1235 m. Kleiner Parkplatz oberhalb vom Forsthaus vor der Kapelle.

Höhenunterschied: Jeweils 670 m im Auf- und Abstieg.

Anforderungen: Die anspruchsvolle Bergtour sollte nur an klaren Tagen unternommen werden, bei aufziehendem Nebel ist im Gipfelbereich die Orientierung extrem schwierig. Für die letzten Meter zum Gipfel bedarf es ein wenig Klettererfahrung. Bei Nässe Rutschgefahr!

Einkehr: Keine am Weg.

Kombi-Tipp: Wer nicht zur Boca da Corrida zurückmuss, kann nach der Besteigung des Pico Grande nach Curral das Freiras absteigen (Tour 35).

Vom Parkplatz am Forsthaus der **Boca da Corrida** folgen wir an der Kapelle zunächst dem Pflasterweg 15 Meter bergan (PR 12 Encumeada). Links zieht eine Betonpiste durch zwei Pfosten aufwärts, wir halten uns jedoch halb rechts und steigen bei Tour 35 zur **Boca do Cerro** auf. Dort zweigt vom Hauptweg zur Encumeada rechts ein Pfad zum Kamm hinauf ab (Achtung, der Abzweig wird vielfach übersehen). Nach 30 m

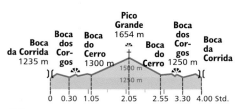

Die Felsenburg im Gipfelbereich des Pico Grande.

gabelt sich der Pfad: Geradeaus geht es hinab nach Curral (Tour 35), links beginnt unser Aufstieg zum Pico Grande.

Nahe am Grat geht es zunächst an ein paar Kastanienbäumen vorbei, wir passieren eine Metalltafel, in die »Pico Grande« eingeritzt ist. 100 m weiter liegt eine in den Fels gehauene Höhle am Weg, die früher Schäfern als Unterschlupf diente. 15 m danach scheint der Pfad zu enden. Doch ein an Karabinerhaken befestigtes **Drahtseil** signalisiert nun den schwierigsten Teil des Aufstiegs. Etwa 15 m hangeln wir uns an dem Seil eine stark ausgesetzte Stelle hinauf. 2 Minuten darauf kommt eine weitere ausgesetzte Passage, man steigt auf in den Fels geschlagenen Stufen zu einer Aussichtskanzel auf, von der uns Curral das Freiras zu Füßen liegt. Im Sommer leuchten hier die violetten Blütenkerzen des Echium candicans, von den Einheimischen wird der Inselendemit »Stolz von Madeira« genannt. Der Steig knickt nach links ab, gelegentlich helfen Steinmännchen bei der Orientierung, doch der Pfad ist eigentlich gut erkennbar und läuft im Zickzack auf eine gezackte **Felsenburg** über uns zu. An einer Verzweigung nehmen wir den linken Weg, bald geht es über glatte Felsplatten.

Etwa 75 m vor der Felsenburg fächert sich der Steig in mehrere Pfade auf. Wir halten auf eine dicht an die Felswand geduckte Gruppe von Maronen-

bäumen zu und gehen dann links am Fuß der löchrigen Wand entlang. Der bald wieder deutliche Steig läuft etwa 150 m unter den wie zwei aufgesetzte Hörner aussehenden beiden Gipfeln des Pico Grande entlang und schwenkt schließlich direkt auf diese zu. Unterhalb der Hörner wird eine fast ebene Terrasse erreicht. Darüber liegt ein Wiesenfleck, rechts von diesem hilft ein Drahtseil durch eine 6 m lange Rinne. Nach einer kurzen Klettereinlage stehen wir schließlich auf dem Gipfel vom **Pico Grande** (1654 m). Wir genießen das grandiose Panorama auf das Zentralmassiv im Osten und die Hochebene Paul da Serra im Westen und steigen dann auf gleichem Weg wieder zur **Boca da Corrida** ab.

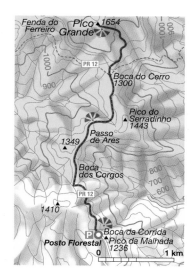

Links: Alpines Gelände am Pico Grande.
Unten: Der Felskopf des Pico Grande wird rechts über eine Rinne bestiegen.

Passwanderung auf einem alten Pilgerweg am Fuß des Pico Grande

Der Encumeada-Pass ist das Nadelöhr zwischen Süd- und Nordseite der Insel und bildet gleichzeitig eine Wetterscheide, an der die von Norden herangewehten Wolken wie aufkochende Milch überquellen. Bevor es eine Straße gab, war der alte Pilgerweg zwischen Câmara de Lobos und São Vicente viel begangen. Im Sommer 2010 wütete ein Waldbrand in der Region. Zwar hat der Unterwuchs seither wieder kräftig ausgeschlagen, doch bis alle Wunden verheilt sind, werden wohl noch etliche Jahre vergehen.

Ausgangspunkt: Parkplatz am Forsthaus Boca da Corrida, 1235 m.

An- und Rückfahrt: Von Funchal fährt der Bus 96 über Estreito de Câmara de Lobos bis Jardim da Serra. Von dort müssen die letzten 3 km bis Boca da Corrida zu Fuß zurückgelegt werden (sehr steil). Am besten nimmt man von Estreito da Câmara de Lobos ein Taxi zur Boca da Corrida (einen großen Taxiplatz gibt es an der Kirche). Zurück vom Encumeada-Pass nach Funchal mit Bus 6.

Höhenunterschied: 600 m im Abstieg und 380 m im Aufstieg.

Anforderungen: Die Wanderung verläuft auf einem überwiegend gut begehbaren und größtenteils neu gepflasterten Weg, im Bereich des Pico Grande auf teils feuchtem und schmalem Saumpfad. Am Pico Grande besteht Steinschlaggefahr.

Einkehr: Unterwegs keine Einkehrmöglichkeit; Snackbar Encumeada am Ende der Tour.

Hinweis: Die Tour ist wegen des Waldbrands im Jahr 2010 ab Boca da Cerro vorübergehend gesperrt. Aktuelle Infos unter www.madeiraislands.travel (»Praktische Informationen«, Stichwort »Warnhinweis für Wanderer«, Wanderung PR 12).

Vom Parkplatz am Forsthaus der **Boca da Corrida** folgen wir an der Kapelle zunächst dem Pflasterweg 15 Meter bergan (PR 12 Encumeada). Links zieht eine Betonpiste durch zwei Pfosten aufwärts, wir halten uns jedoch halb rechts und steigen über ein paar Stufen steil bergauf. Nach knapp 10 Minuten haben wir einen herrlichen Ausblick auf den vor uns thronenden Pico Grande, rechts unten im Kessel liegt Curral und im Westen sehen wir die ER 104 zum Encumeada-Pass, unserem Ziel, hinaufziehen. Bei schönem Wetter können wir die Windräder auf der Hochebene Paul da Serra erkennen.

Wir passieren die Scharte **Boca dos Corgos** und steigen zum **Passo de Ares** auf. In einer weiten Kehre geht es an der Flanke des Pico do Serradinho (1443 m) entlang.

An der **Boca do Cerro** (1300 m) kommen wir an den Abzweigen nach Curral und hinauf zum Pico Grande vorbei. Geradeaus weiter wandern wir nun hautnah an der Steilwand des Pico Grande entlang. Mitunter gilt es, herab-

Ein Waldbrand hat 2010 der Region um den Pico Grande arg zugesetzt, mittlerweile begrünen wieder Ginster und Farne den Hang.

gestürzte Geröllzungen zu übersteigen. Der Saumpfad ist hier stellenweise schmal und meist feucht, ohne das Brombeergestrüpp am Wegrand wäre er zudem noch ausgesetzt. Nach einem kurzen Gegenanstieg wird am vorspringenden **Fenda do Ferreiro** ein Aussichtsplatz erreicht, zu dem ein Trampelpfad hinabführt. Der Weg knickt hier nach rechts ab. Nun durchgängig gepflastert beginnt der lange Abstieg ins Tal der Ribeira do Poço. Im Tal angekommen wird ein aufgelassenes Steinhaus erreicht. Der Pfad läuft hier

Ziel der reizvollen Tour ist der hoch über dem Ribeira-Brava-Becken gelegene Encumeada-Pass.

über eine kleine Betonbrücke und quert kurz darauf die **Ribeira do Poço**, ein munterer Wildbach, der in Kaskaden talwärts rauscht.

In leichtem Auf und Ab läuft die Route durch teils dichten Eukalyptuswald, dabei werden weitere Bachläufe gequert. Eine gute halbe Stunde nach der Brücke breitet ein Eukalyptusbaum seine Wurzeln über den Weg aus. Hier zweigt links ein Weg nach Serra de Agua ab. Weiter geradeaus haltend kommen wir an einem Wasserfall vorbei, leicht ausgesetzte Passagen sind mit einem Drahtseilzaun gesichert.

Der Weg beginnt wieder anzusteigen. Es geht unter einer **Rohrleitung** hindurch, die das Kraftwerk im Tal mit Wasser versorgt. Links blicken wir bald auf das auf einer Bergterrasse gelegene Hotel Residencial Encumeada. Der Pfad geht schließlich in eine steinige Piste über, die uns in zehn Minuten zur ER 104 bringt. Der Straße 400 m aufwärtsfolgend erreichen wir den Busstopp an der **Boca da Encumeada**, 700 m abwärts das Hotel, an dem ebenfalls der Bus hält.

Paul da Serra und Westmadeira

Die Boca da Encumeada trennt Madeira in eine Ost- und Westhälfte, von der Passhöhe kann man sowohl die Nord- als auch die Südküste sehen. Von der Encumeada führt eine Straße hinauf nach **Paul da Serra**, einer für Madeira unvermutet flachen Hochebene. Paul steht nicht für einen männlichen Vornamen, sondern bezeichnet im Portugiesischen Sumpf. Tatsächlich erinnert die zwischen 1400 m und 1600 m gelegene und meist wolkenverhangene Ebene an ein schottisches Hochmoor. Endlos erscheinende Moos- und Farnwiesen werden als Weide für Schafe und Kühe genutzt. Nach winterlichen Regenfällen verwandeln sich Senken in kleine Seen, Gebirgsflüsse entspringen hier und rauschen als Wasserfälle talwärts, Levadas leiten das kostbare Nass in das Kulturland der Küstenzonen hinunter. Die 100 km² große Region ist so gut wie menschenleer und bietet Einsamkeit suchenden Wanderern ein weites Feld.

Meeresschwimmbad in Porto Moniz: Warten auf die hereinschwappende Welle.

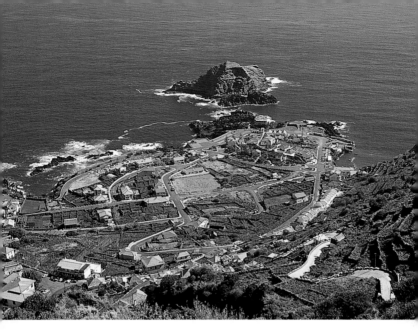

Porto Moniz liegt beschaulich im äußersten Nordwesten der Insel.

Am westlichen Rand von Paul da Serra ist **Rabaçal** eine der bekanntesten Wanderregionen Madeiras. Entlang reizvoller Levadawege lassen sich quirlige Wasserfälle, Erikabäume, von Flechten behangene Lorbeerbäume und dicke Moospolster bestaunen. Die Levadas sind sozusagen in drei Etagen angelegt, die durch Steige und Treppenwege miteinander verbunden sind. Berühmt sind der Risco-Wasserfall (Tour 45) und der Felskessel der 25 Quellen (Tour 46), beschaulich der über dem Tal der Ribeira da Janela laufende Weg entlang der Levada da Rocha Vermelha (Tour 47).
Von den Touristenzentren Funchal und Caniço sind Tagestouren nach Rabaçal möglich. Doch sofern man sich längere Fahrzeiten ersparen möchte, empfiehlt sich ein Standort im Westen der Insel. **Porto Moniz** in der nordwestlichsten Ecke Madeiras ist im Sommer ein beliebtes Ausflugsziel. Besondere Attraktion: Der kleine Ort hat das mit Abstand schönste Meeresschwimmbad der Insel, vorgelagerte Felseilande sorgen für eine malerische Kulisse. Und wenn sich am späten Nachmittag die Tagesausflügler auf den Heimweg machen, kehrt im Ort wieder eine beschauliche Ruhe ein, sodass man den Sonnenuntergang meist für sich alleine hat.

1.30 Std.

Entlang der Levada do Norte zu den Maiblumenbäumen

Folhado nennt man auf Madeira den Maiblumenbaum (Clethra arborea), der mit seiner Blütenpracht im Spätsommer die Bergregion an der Boca da Encumeada verzaubert. Lorbeerbäume, Wacholder, Hortensien, weiß und blau blühende Liebesblumen, wilde Orchideen und Wucherblumen machen die Wanderung zu einer botanischen Lehrstunde.

Ausgangspunkt: Mit Pkw oder Bus 6 zum Encumeada-Pass, 1007 m.
Höhenunterschied: Unwesentlich.
Anforderungen: Leichte Levadawanderung. Für den langen Tunnel ist eine Taschenlampe erforderlich. Niedrige Schwindelgefahr, einige ausgesetzte Stellen sind nicht gesichert.
Einkehr: Unterwegs keine; Snackbar

Encumeada am Einstieg.
Variante: An der Gabelung vor dem ersten Tunnel folgt man geradeaus der Levada das Rabaças. Nach einer ¾ Stunde wird ein 300 m langer Tunnel durchlaufen. Gut 10 Min. darauf steht man kurz nach einem Wasserhaus vor dem 2 km langen Rabaças-Tunnel. Schwindelgefahr niedrig bis mittel.

Gegenüber von der Snackbar am **Encumeada-Pass** weist das gelbe Schild »Folhadal« die Treppe zur Levada do Norte hinauf (PR 17). Wir folgen dem breiten Kanal entgegen der Fließrichtung. Nach Südosten haben wir bald eine schöne Aussicht auf den Pico Grande. Nach 15 Minuten erreichen wir einen Tunnel, vor dem sich die Levada gabelt. Wir gehen rechts durch den ca. 600 m langen Tunnel. Die ersten 30 bis 40 m sind relativ eng und niedrig, sodass man leicht gebückt gehen muss, der weitere Verlauf ist bequem, zumal das Tunnelende sichtbar ist.

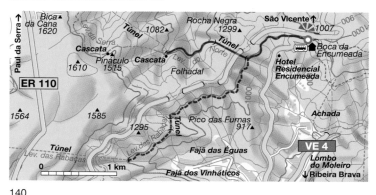

Die »zweispurige« Levada do Norte zum Folhadal.

Nach dem Tunnel führt die Levada teils ausgesetzt, doch mit Zaun gesichert weiter. Die Vegetation im **Folhadal** gibt sich überaus üppig. Adlerfarne und Hortensien beugen sich tief über die Levada, am Kanal wachsen Moose und Frauenhaarfarn, im Wasser huschen fingerlange Forellen. Durch den grünen Dschungel kann man einen Blick in das Tal von São Vicente werfen.

2 Minuten nach einem 6 m langen Felsdurchbruch stehen wir vor einem langen Tunnel, vor dem je nach Jahreszeit ein ansehnlicher Wasserfall zu Tal stürzt. Hier machen wir kehrt und gehen auf demselben Weg zurück.

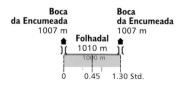

Zum Zuckerhut von Madeira

Nicht nur Rio, auch Madeira hat einen Zuckerhut, wenn auch der Pináculo nicht mehr als eine Miniaturausgabe des berühmten brasilianischen Bruders ist. Der Rückweg führt zur Aussichtskanzel Bica da Cana hinauf.

Ausgangspunkt: Mit dem Pkw nach Bica da Cana (1550 m) an der ER 110 zwischen dem Encumeada-Pass und Paul da Serra (vom Pass kommend 400 m nach dem Bica-da-Cana-Schild).
Höhenunterschied: 150 m im Ab- und Anstieg.

Anforderungen: Überwiegend schmale Pfade, die sehr feucht und rutschig sein können. Je nach Witterung müssen mehr oder wenige starke Wasserfälle hintergangen werden. Schwindelgefahr niedrig bis mittel, die meisten ausgesetzten Passagen sind gesichert.

Startpunkt ist die nach **Bica da Cana** abzweigende Piste an der ER 110. Neben der von Betonpfosten begrenzten Zufahrt zur Berghütte Casa de Abrigo gehen wir links in einen Pfad hinein, der sich nach wenigen Schritten gabelt. Wir halten rechts und wandern durch Ginster und Farne parallel zu einem Drahtzaun leicht abwärts. Nach 4 Minuten geht es an einem Holztritt über einen Zaun. An der nächsten Gabelung wählen wir den linken Pfad und treffen nach insgesamt 10 Minuten auf den ausgeschilderten PR 17, wir folgen ihm rechts. Zunächst Höhe haltend, dann leicht ansteigend führt der Weg durch Baumheide bald an einer Felswand entlang, links fällt der Hang steil

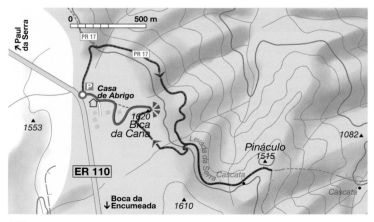

Der Pináculo (rechts) vor der Kulisse des Zentralmassivs.

ab. Überall tropft und plätschert es, und bald läuft die von einem kleinen Wasserfall gespeiste **Levada da Serra** neben uns her. Bei einem Geländer führen rechts ein paar Trittstufen in einen kleinen Felskessel. Weiter geradeaus gehend wird knapp 100 m weiter ein rechts abzweigender Pfad passiert (hier werden wir nach dem Besuch des Pináculo aufsteigen). Nun beginnt ein spektakuläres Wegstück. Der Weg umläuft wie auf einem Sims zwischen Wand und Abhang eine halbkreisförmige Basaltwand. Kurz darauf stürzt ein großer Wasserfall in die Levada, von der Gischt können wir mitunter etwas nass werden. Der **Pináculo** ist nun nicht mehr weit, am Fuß des Zuckerhuts lädt eine kleine Lichtung zum Rasten ein. Von den Steinbänken kann man in ein paar Schritten zum Fuß des Felsens aufsteigen, von dem sich außer dem Zentralmassiv auch die Bica da Cana, unser nächstes Etappenziel, zeigt. Wir gehen 15 Minuten bis zum erwähnten Abzweig zurück, steigen also links den teils gestuften Pfad auf, der steil auf einen breiten Sattel hochführt. Vor einem heruntergetrampelten Zaun wird eine Gabelung erreicht. Wir gehen rechts an den Zaunpfosten bergauf zu zwei markanten Erikabäumen am Gipfel der **Bica da Cana**. Von diesen erreichen wir den Gipfel (fehlende Messsäule) und eine eingezäunte Aussichtskanzel. Nach ausgiebiger Schau auf die höchsten Gipfel Madeiras steigen wir auf der breiten Schotterpiste wieder zur Straße unterhalb der Berghütte Casa de Abrigo ab, eine Wegschleife lässt sich auf einem Pfad abkürzen.

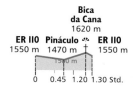

Auf den höchsten Aussichtsberg von Paul da Serra

Der Pico Ruivo do Paul ragt nur wenig aus den Farnwiesen der Hochebene hinaus, doch weit genug, um eine prächtige Aussicht in alle Himmelsrichtungen zu erlauben. Die Kurzwanderung lohnt nur an klaren Tagen, ist dann dafür aber umso schöner.

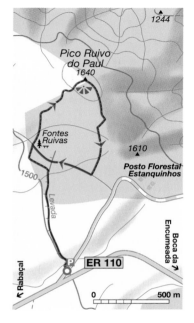

Ausgangspunkt: Vom Encumeada-Pass kommend biegt man von der ER 110 2,4 km nach Bica da Cana scharf nach rechts in die ausgeschilderte Straße zum Forsthaus Estanquinhos ab, 1500 m. Am Abzweig befindet sich ein kleiner Parkplatz.

Höhenunterschied: 140 m im Auf- und Abstieg.

Anforderungen: Leichte Wanderung auf teils verwachsenem Pfad mit kurzem Auf- und Abstieg. Achtung, im Hochland können schnell Wolken aufziehen, welche die Orientierung unmöglich machen. Keine Schwindelgefahr.

Einkehr: Keine Einkehrmöglichkeit am Weg.

Am **Abzweig Estanquinhos** folgen wir der 15 cm breiten Levadarinne, die direkt auf unseren Aussichtsgipfel zuhält. Durch im Sommer smaragdgrüne Farnwiesen und Ginster kommen wir an einer kleinen Baumgruppe vorbei und in ein Nadelwäldchen hinein. Nach 20 Minuten wird am Picknickplatz **Fontes Ruivas** eine ausgeschilderte Kreuzung und geradeaus haltend kurz darauf ein eingezäuntes Wasserbecken nahe der Quelle der Levada erreicht. Wiederum durch dichten Adlerfarn steigen wir geradlinig zum vierkantigen Vermessungspunkt auf dem **Pico Ruivo do Paul** auf. Ein großartiges Panorama über die Hochebene, den Windpark, auf das Zentralmassiv und ins Tal von São Vicente erwartet uns.

Für den Rückweg gehen wir vom Vermessungspunkt bis kurz vor einen eingezäunten Aussichtspunkt und steigen in östlicher Richtung zu einer gut einsehbaren Gabelung am Fuß des Pico ab. Von dort folgen wir dem breiten Weg nach rechts und treffen auf einen Querweg, dem wir rechts bergab in das Tannenwäldchen folgen. Dort stoßen wir am Picknickplatz wieder auf die Levada, die uns links zum Ausgangspunkt am **Abzweig Estanquinhos** zurückbringt.

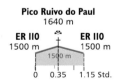

Pico Ruivo do Paul
1640 m

ER II0		ER II0
1500 m		1500 m
	1500 m	
0	0.35	1.15 Std.

Am Aufstieg zum Pico Ruivo do Paul überziehen Adlerfarne das Hochmoor mit einem grünen Teppich.

Durch einen urweltlichen Wald zur Aussicht über der Nordküste

Seit im Hochland die Straße nach Ribeira da Janela geteert ist, kann Madeira rund um das Forsthaus Fanal mit einem weiteren attraktiven Wandergebiet aufwarten. Die Region ist wegen der dortigen alten Stinklorbeerbäume berühmt. An den meisten Tagen im Jahr sorgt dichter Nebel für eine urtümliche Atmosphäre. Am Forsthaus beginnt ein ausgeschilderter Pfad zu einem Aussichtsplatz über der Nordküste – sofern sich das Hochland nicht unter einer Nebelbank versteckt, ein spektakulärer Aussichtspunkt.

Ausgangspunkt: Vom Encumeada-Pass bzw. von Ponta do Sol kommend folgt man am zentralen Straßenkreuz auf dem Campo Grande der Ausschilderung nach Fanal und erreicht auf der ER 209 in Richtung Ribeira Janela nach 8 km den Parkplatz vor dem Forsthaus Fanal (Posto Florestal), 1130 m. Das Forsthaus liegt etwa 150 m rechts von der ER 209.

Höhenunterschied: Etwa 100 m im An- und Abstieg.
Anforderungen: Kleine Rundtour auf überwiegend guten Wegen. Bis auf eine kurze Passage nach dem Einstieg einfache Orientierung; bei Nebel empfiehlt es sich jedoch, das Wegenetz nicht zu verlassen. Keine Schwindelgefahr.
Einkehr: Keine am Weg.

Am **Forsthaus Fanal** bestaunen wir zunächst die knorrigen Stinklorbeerbäume. Etwa 75 m nach dem Forsthaus weist ein Schild (PR 13 Paul da Serra) in einen mit Rundhölzern gestuften Weg, der durch eine Farnwiese zu einem breiten **Sattel** (1160 m) hochläuft. Von dort ergibt sich bereits ein toller Blick auf die Nordküste.

Im Sattel hält man sich auf dem anfangs wenig ausgeprägten Pfad rechts, zwei Holzpfosten helfen die nächsten 100 m bei der Orientierung. Der Weg zieht an der Abbruchkante der Hochebene auf den von Baumheide bedeckten **Pedreira** (1241 m) zu und führt ein gutes Stück links unterhalb von der Bergkuppe vorbei. Weitere stattliche Lorbeerbäume stehen am Weg, deren Stämme von Moosen und Flechten überzogen sind, auf manchen haben sich Farne angesiedelt.

Nach 20 Minuten knickt an einer **Wellblechhütte** der Weg nach rechts ab. Etwa 100 m darauf wird auf einer Lichtung eine nicht ausgeschilderte Gabelung erreicht. Wir folgen links haltend dem Pfad an einem niedrigen Steinhaufen vorbei. Drei Minu-

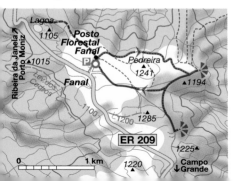

ten darauf trifft der Pfad auf einen breiten Schotterweg. Hier machen wir zunächst einen Abstecher zu einem 300 m entfernten Aussichtspunkt. An einigen Hütten passieren wir einen links nach Seixal führenden Forstweg und stehen etwa 150 m danach in **Fio** (1100 m), wo sich der Ausblick ins über 1000 m tiefer gelegene Tal der Ribeira do Seixal öffnet. An dem Aussichtspunkt befinden sich Reste eines alten Lastenaufzugs.

Der kleine Kratersee bei Fanal.

Wir wandern auf dem Schotterweg wieder zurück und folgen ihm geradeaus weiter in Richtung Paul da Serra zu einer ebenen **großen Wiese**. Vor dieser bietet sich links auf dem Pfad ein weiterer Abstecher zu einer Aussicht an. Der Pfad mündet nach ein paar Minuten auf einen Forstweg, auf dem links haltend nach fünf Minuten ein **Miradouro** (1150 m) mit Blick ins Seixal-Tal erreicht wird.

Wer will, kann dem PR 13 noch weitere anderthalb Stunden bis Paul da Serra folgen, wobei mehrmals die ER 209 gequert wird. Wir wandern jedoch vom Miradouro wieder zur **großen Wiese** zurück und gehen dort scharf links. Die Graspiste überquert die Wiese in einer langen Rechtskurve und hält auf einen markanten Lorbeerbaum am westlichen Fuß des Pedreira zu, der nun rechts neben uns liegt. Fünf Minuten nach dem Lorbeerbaum erhält die Piste einen Teerbelag. Genau dort, wo dieser beginnt, folgen wir halb rechts weiter einem grasigen Weg zum **Forsthaus Fanal** zurück.

Zugabe: Nahe dem Forsthaus steht eine Grillhütte mit zwei Picknickbänken davor. Wenige Meter unterhalb von diesen beginnt ein anfangs undeutlicher Grasweg, der bald als breiter Weg in 15 Minuten zum **Lagoa** läuft. Der Kratersee macht allerdings nur nach starken Niederschlägen seinem Namen Ehre.

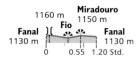

Entlang der Levada da Bica da Cana in den Felsenkessel

Die Tour beginnt als bequemer Levadaweg, von dem auf einem Versorgungsweg zum Kanalsystem von Cascalho abgestiegen wird. Wanderziel ist ein gewaltiger Felsenkessel mit senkrecht abfallenden Wänden und rauschenden Wasserfällen. Am Umkehrpunkt im Kessel zerstörte im Jahr 2010 ein Felsrutsch die Levada.

Ausgangspunkt: Vom Encumeada-Pass kommend fährt man auf der ER 110 nach Paul da Serra, biegt 4,5 km nach Bica da Cana links in die mit Canhas ausgeschilderte ER 209 ab, auf der nach 2,8 km direkt nach dem Posto Florestal Cova Grande die Christusstatue (1320 m) erreicht wird (nach der Mauer an der Straße geht es rechts zum Parkplatz hoch).

Höhenunterschied: Jeweils 400 m im Ab- und Aufstieg.
Anforderungen: Bis auf das letzte Stück auf teils zerstörtem Levadaweg einfache Wanderung mit nicht allzu steilem Abstieg auf einer Piste. Für den Tunnel ist eine Taschenlampe erforderlich. Niedrige bis mittlere Schwindelgefahr.
Einkehr: Keine am Weg.

Vom Parkplatz am **Cristo Rei** gehen wir die ER 209 abwärts. Nach 5 Minuten kreuzt die schmale **Levada da Bica da Cana** die Straße. In Fließrichtung würde man rechts zur Fátima-Kapelle (Tour 43) kommen, wir gehen jedoch links. Der Kanal bringt uns nach 20 Minuten zu einer allein stehenden Kiefer, danach wird eine Pflasterstraße gequert. Auf der anderen Straßenseite steigen wir an der Levada zu einem **Sattel** auf, von dem sich das Panorama ins Tal der Ribeira da Ponta do Sol öffnet, auf der unten einsehbaren Piste werden wir den Cascalho erreichen. Doch zuvor laufen wir eine Viertelstunde an der Levada am oberen Rand des Tales entlang, stellenweise auf dem nur 30 cm breiten Kanalmäuerchen. Am besagten Fahrweg wird die Levada nun talwärts verlassen. Links vom Weg begleitet uns bald wieder eine Wasserrinne, die von etlichen vom Hang tropfenden Rinnsalen gespeist wird. Ein dunkler Tunnel wird durchlaufen (Vorsicht! Nach 25 m kreuzt die Levada den Weg). Nach dem Tunnel wird ein rechts abgehender Weg passiert, 5 Minu-

Vor dem imposanten Kessel von Cascalho.

ten darauf stürzt ein fast 100 m hoher Wasserfall herab. Der Blick öffnet sich nun auf den wie ein Halbkreis geformten Kessel. Die letzten Minuten in den **Cascalho** gehen wir auf dem teils beschädigten Levadaweg entlang, bis schließlich direkt im Kessel die Folgen des Unwetters von 2010 den Weiterweg unmöglich machen – ein Bergrutsch riss die ursprünglich an der Felswand entlangführende Levada auf einer Länge von etwa 75 m in die Tiefe. Etliche kleine und große Wasserfälle rauschen die senkrechte Wand hinab. Wir kehren auf demselben Weg zum **Cristo Rei** zurück.

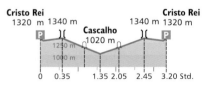

Spaziergang durch das Farnmeer von Paul da Serra

Die Levada do Paul läuft am Rand der Hochebene Paul da Serra malerisch durch von gelbem Stechginster unterbrochene Farnwiesen. Weidende Kühe sind hier oftmals das einzige Zeichen der Zivilisation. Bei klarer Sicht faszinieren die Weitblicke auf die 1200 m tiefer gelegene Südküste.

Ausgangspunkt: Vom Encumeada-Pass kommend fährt man auf der ER 110 hinauf nach Paul da Serra und biegt 4,5 km nach Bica da Cana links in die mit Canhas ausgeschilderte ER 209 ab, auf der nach 2,8 km direkt nach dem Posto Florestal Cova Grande die Christusstatue (1320 m) erreicht wird (nach der Mauer an der Straße geht es rechts zum Parkplatz hoch).

Höhenunterschied: Unwesentlich.
Anforderungen: Leichte Wanderung auf schmalem Levadaweg. Keine Schwindelgefahr.
Einkehr: Snackbar Jungle Rain an der ER 110.
Kombi-Tipp: Am Endpunkt der Tour beginnt auf der anderen Seite der ER 110 die sehr schöne Levadawanderung ins Tal der Ribeira Grande (Tour 44).

Vom Parkplatz am **Cristo Rei** folgen wir der ER 209 abwärts. Nach 5 Minuten wird die Straße von einer schmalen **Levada** gekreuzt, der wir rechts in Fließrichtung folgen. Entlang der nur 20 cm breiten Wasserrinne läuft ein schmaler Pfad durch ein endlos erscheinendes Farnmeer, das im Spätsommer die Hänge von olivgrün bis rostrot färbt. Je nach Jahreszeit werden etliche mehr oder weniger quirlige Bachläufe mit kleinen Wasserfällen gequert. Nach etwa 50 Minuten kommen wir an in den Hang gegrabenen Höhlen vorbei.

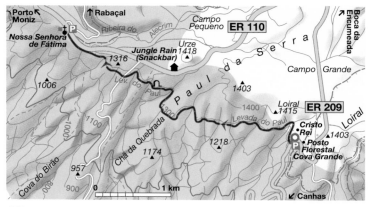

Die menschenleere Hochebene Paul da Serra wird lediglich als Weidegebiet genutzt.

Hier ist der Pfad ganz schmal und man muss ein paar Schritte auf der Levadamauer balancieren. Wenige Minuten später kreuzt die Levada eine Straße. An der schlichten **Kapelle Nossa Senhora de Fátima** treffen wir auf die ER 110. Dieser links folgend kommt man nach 100 m zum Abzweig nach Rabaçal. Auf gleichem Weg geht es zum **Cristo Rei** zurück.

Pittoresker Ausflug zum Forellenteich am »großen Fluss«

Die Ribeira Grande ist einer von vielen Quellflüssen im sumpfigen Hochland von Paul da Serra. Eine Traumtour durch Heidebusch und meterhohe Heidelbeersträucher! Am Wanderziel wartet mit einem Wasserfall und einem Forellenteich ein malerischer Flecken zum Rasten.

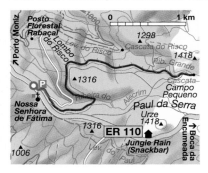

Ausgangspunkt: Parkplatz an der ER 110 am Abzweig nach Rabaçal, 1278 m.
Höhenunterschied: Unwesentlich.
Anforderungen: Bequeme Levadawanderung, doch mittlere Schwindelgefahr auf einigen ausgesetzten Passagen.
Einkehr: Keine am Weg.

Vom Parkplatz am **Abzweig Rabaçal** gehen wir auf der mit einer Schranke für den Autoverkehr gesperrten Straße abwärts. Von dem Strommast 20 m nach der Schranke bringt uns ein Pfad nach gut 50 m zur Levada, der wir entgegen der Fließrichtung folgen. Der im Sommer staubige weiße Kanal läuft durch Baumheide in einer weiten Linksschleife um ein Tal herum und quert nach 10 Minuten an einem halbkreisförmigen Wasserbecken die **Ribeira do Alecrim**, den Rosmarin-Fluss.

Im weiteren Verlauf zwängt sich der Wasserkanal durch Felsen, wobei einige leicht ausgesetzte Stellen gemeistert werden müssen. Auf einer steilen Treppe steigen wir neben der herabbrausenden Levada einen Bergrücken auf. Bald haben wir einen schönen Blick auf die tief unter uns verlaufenden Levadas von Rabaçal, sanft gerundete Hügelkuppen verleihen dem Hochland einen lieblichen Charakter. Das Rauschen von Wasserfällen kommt näher.

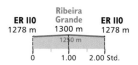

ER IIO	Ribeira Grande	ER IIO
1278 m	1300 m	1278 m
	1250 m	
0	1.00	2.00 Std.

Wir erreichen das mit glatt geschliffenen Felsen ausgefüllte Bachbett der **Ribeira Grande**, die unsere Levada speist. Oberhalb der Fassung von der Levada stürzen Wasserfälle herab, unterhalb von Felsen schauen wir auf einen kleinen Forellenteich hinunter.

Die »Himmelstreppe« auf dem Weg zum Forellenteich.

Gemütliche Kurztour zum großen Wasserfall

Der Spaziergang zum »gefährlichen Wasserfall« bei Rabaçal gehört zum Pflichtprogramm eines jeden Madeira-Besuchers, entsprechend viel begangen ist der Weg. Vom Lagoa do Vento stürzt aus 100 m Höhe das Wasser eine glatte Wand hinab und kommt erst weitere 100 m unterhalb des Weges wieder zur Ruhe.

Ausgangspunkt: Von Funchal mit dem Pkw über den Encumeada-Pass und Paul da Serra zum Parkplatz Rabaçal, 1278 m.
Höhenunterschied: Jeweils 240 m im An- und Abstieg.
Anforderungen: Bequemer Spaziergang auf ausgeschildertem Levadaweg. Keine Schwindelgefahr.
Einkehr: Keine Einkehrmöglichkeit.
Kombi-Tipp: Die Kurztour zum Wasserfall lässt sich mit Tour 46 und 47 zu einer großen Levadarunde ausweiten.

Hinweis: Zwischen Parkplatz Rabaçal an der E 110 und Forsthaus Rabaçal verkehrt ein kostenpflichtiger Pendelbus. Die Gehzeit verkürzt sich dadurch um 1 Std.

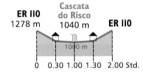

Vom **Parkplatz** gehen wir auf der durch eine Schranke gesperrten einspurigen Straße hinab zum **Forsthaus Rabaçal**. Dort führen uns rechts die Wegweiser »PR 6 25 Fontes« und »PR 6.1 Risco« in 5 Minuten zur **Levada do**

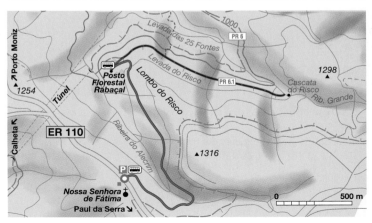

154

Der Risco-Wasserfall von Rabaçal führt im Sommer nur wenig Wasser.

Risco, der wir rechts entgegen der Fließrichtung folgen. An der Verzweigung nach 100 m gehen wir geradeaus weiter (wer Tour 46 oder 47 anschließen will, geht nach der Besichtigung des Wasserfalls hier rechts abwärts). Vorbei an kleinen Wasserfällen stoßen wir nach 10 Minuten erneut auf eine Gabelung. Hier folgen wir geradeaus und Höhe haltend der Levada an einem Zaun entlang in einen halbkreisförmigen Kessel hinein und stehen nach wenigen Minuten vor dem **Risco-Wasserfall**.

Bilderbuchtour im Quellgebiet des Hochlands

Die Levada der »25 Quellen« ist eine der Wasseradern, die Rabaçal entwässern und das kostbare Nass ins Kraftwerk von Calheta bringen. Der romantische Kanalweg durch Erikabüsche und Lorbeerwald gehört zu den schönsten und nicht von ungefähr auch zu den beliebtesten Levadarouten der Insel.

Ausgangspunkt: Von Funchal mit dem Pkw über den Encumeada-Pass und Paul da Serra zum Parkplatz Rabaçal, 1278 m.
Höhenunterschied: 320 m im Ab- und Aufstieg.
Anforderungen: Die Levadatour auf teils sehr engem Weg erfordert Trittsicherheit. Mittlere Schwindelgefahr auf einigen nicht gesicherten ausgesetzten Passagen.
Einkehr: Keine Einkehrmöglichkeit.
Kombi-Tipp: Von der Levada das 25 Fontes kann zur Levada da Rocha Vermelha abgestiegen werden (Tour 47).
Variante: Alternativ zum Einstieg am Parkplatz Rabaçal an der ER 110 können die 25 Quellen auch durch den sogenannten Reitertunnel erreicht werden.

Dazu fährt man vom Parkplatz Rabaçal auf der ER 110 0,6 km in Richtung Porto Moniz und biegt dann links abwärts in die Pflasterstraße in Richtung Calheta ein. Auf dieser wird nach 2 km ein Rasthaus erreicht (Parkplatz). Schräg gegenüber führt ein Waldweg in 10 Min. zu einem Wasserhaus, bei dem links haltend die Levada das 25 Fontes durch den 800 m langen Reitertunnel geführt wird (Taschenlampe erforderlich). Nach dem Tunnel bleibt man bis zu den Quellen immer an der Levada. Gehzeit hin und zurück 2.30 Std.
Hinweis: Zwischen dem Parkplatz Rabaçal an der E 110 und dem Forsthaus Rabaçal verkehrt ein kostenpflichtiger Pendelbus.

Vom **Parkplatz** gehen wir auf der durch eine Schranke gesperrten einspurigen Straße hinab zum **Forsthaus Rabaçal**. Dort führen uns die Wegweiser

»PR 6 25 Fontes« und »PR 6.1 Risco« in 5 Minuten zur **Levada do Risco**, der wir rechts entgegen der Fließrichtung folgen. An der Gabelung nach 100 m steigen wir links zur **Levada das 25 Fontes** ab. An der Levada angekommen, gehen wir rechts entgegen der Fließrichtung weiter.

Neben der Levada führt ein zunächst breiter und bequemer Weg entlang. An einer Rohrleitung verschwindet die Levada kurz. Wir steigen auf dem mit einem Geländer gesicherten Treppenweg zur tief

Die 25 Quellen.

eingekerbten Schlucht der **Ribeira Grande** ab, die auf einer Brücke gequert wird. Auf der anderen Schluchtseite führen Stufen wieder zur Levada und einem Wasserhaus hinauf. An den Wasserrechen vorbei gehen wir auf dem nun sehr schmalen Weg geradeaus weiter. Baumheide bildet über unseren Köpfen ein geschlossenes Tunneldach, daneben fällt der Hang steil ab. An der hüfthohen Kanalmauer können wir uns wie an einer Reling festhalten. In einer Rechtskurve, 15 Minuten nach der Brücke, zweigt links ein ausgetretener Pfad steil abwärts ab (Tour 47). Wir wandern weiter an der Levada entlang, bis vor einer Brücke von rechts ein Kanal in Kaskaden herunterkommt.

Rechts erreichen wir nach 30 m einen Felsenkessel, an der von Farnen begrünten Steilwand rieseln die **25 Quellen** in die Gumpen davor. Wer will, kann der Levada noch 10 Minuten weiter ins Tal der Ribeira dos Cedros folgen.

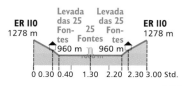

157

Levadarunde durch den Märchenwald von Rabaçal

Der Abstieg zur Levada da Rocha Vermelha ist von den Rabaçal-Touren die am wenigsten begangene. Die subtropische Vegetation und die Ausblicke ins Tal der Ribeira da Janela machen die Wanderung landschaftlich überaus reizvoll – als Zugabe dürfen im September Brombeeren geerntet werden. Ein Stück unverfälschte Natur vom Feinsten!

Ausgangspunkt: Von Funchal mit dem Pkw über den Encumeada-Pass und Paul da Serra zum Parkplatz Rabaçal, 1278 m. **Höhenunterschied:** Gut 540 m im Ab- und Aufstieg.

Anforderungen: Fast alle ausgesetzten Passagen sind mit Zäunen gesichert – Ausnahme ist eine Stelle unmittelbar vor dem Umkehrpunkt. Der Abstieg von der Levada das 25 Fontes zur Levada da Rocha Vermelha erfordert Trittsicherheit. Bei Nässe herrscht Rutschgefahr.
Einkehr: Keine am Weg.
Hinweis: Zwischen dem Parkplatz Rabaçal an der E 110 und dem Forsthaus Rabaçal verkehrt ein kostenpflichtiger Pendelbus. Die Gehzeit verkürzt sich dadurch um 1 Std.

Vom **Parkplatz** gehen wir auf der durch eine Schranke gesperrten einspurigen Straße hinab zum **Forsthaus Rabaçal**. Dort führen uns die Wegweiser »PR 6 25 Fontes« und »PR 6.1 Risco« in 5 Minuten zur **Levada do Risco**. Wir folgen ihr rechts entgegen der Fließrichtung 100 m und steigen dann links zur **Levada das 25 Fontes** ab. An der Levada gehen wir rechts entgegen der Fließrichtung weiter.

Nach einem kurzen Stück entlang des Kanals führt ein Treppenweg hinunter zur Brücke über die Ribeira Grande und wieder hinauf zur Levada. Knapp 15 Minuten nach der Brücke zweigt in einer Rechtskurve links von der Levada das 25 Fontes ein ausgetretener Weg ab. Nach recht steilem Abstieg erreichen wir an einer in die poröse Felswand getriebenen kleinen Höhle die **Levada da Rocha Vermelha**.

Wir wenden uns nach rechts und wandern entgegen der Fließrichtung an der »roten« Levada weiter. Nach knapp 10 Minuten wird die Brücke an der Ribeira dos Cedros erreicht. Rechter Hand rauscht ein Wasserfall herab. Vor dem langen Seixal-Tunnel vor uns läuft die Levada da Rocha Vermelha links weiter. Hier ist unser Umkehrpunkt. (Absolut schwindelfreie Wanderer können der Levada noch weitere 45 Minuten bis zu einer Steintreppe folgen, in

Der Levadaweg über dem Tal der Ribeira da Janela.

Immergrüne Buschwälder mit Baumheide überziehen die Talflanken der Ribeira da Janela.

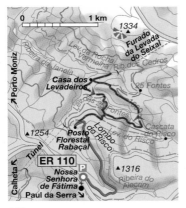

den letzten Jahren war diese Strecke allerdings wiederholt durch Erdrutsch blockiert.)

Wir gehen auf der Levada bis zu der Stelle an der Höhle zurück, auf der wir von 25 Fontes auf sie abgestiegen sind. Für den weiteren Rückweg folgen wir der Levada nun geradeaus und steigen nach 5 Minuten zu einer unterhalb der Levada gelegenen **Brücke** ab. Etwa 10 m nach dieser gehen wir nicht in den Tunnel hinein, sondern biegen in spitzem Winkel links aufwärts. Nach einigen Trittstufen gewinnt der Weg ein Pflaster, auf dem es durch den

Wald steil hoch zur **Levada das 25 Fontes** geht. Links an der Levada weiter steigen wir nach 5 Minuten auf einer Treppe in die dritte Etage zur **Levada do Risco** auf. Dieser rechts folgend gelangen wir in 5 Minuten zurück zum **Forsthaus Rabaçal** und von dort weiter zum **Parkplatz**. Auf der Terrasse hinter dem Forsthaus gibt es einen schönen Picknickplatz mit Brunnen.

Der »Märchenwald« an der Levada da Rocha Vermelha.

Auf der Eukalyptuslevada durch die stillen Täler im Südwesten

Der Name ist nicht ganz korrekt – die Levada Nova ist so neu nicht. Sie wurde bereits 1953 in Betrieb genommen und schlängelt sich seither mehr als 50 km die Südwestküste entlang. Wir folgen ihr von Prazeres aus am Fuß etlicher Bergrücken entlang durch Eukalyptuswald in verschwiegene Täler hinein bis kurz vor ihre »Quelle«, das Wasserkraftwerk von Calheta.

Ausgangspunkt: Hauptstraße in Prazeres an der Kreuzung zum Hotel Jardim Atlantico beziehungsweise nach Paul da Serra.
An- und Rückfahrt: Mit Pkw oder Bus 80 oder 142 nach Prazeres, 625 m. Von Calheta mit einem der Überlandbusse nach Prazeres oder Funchal.

Höhenunterschied: Gut 300 m im Abstieg.
Anforderungen: Im Großen und Ganzen bequem begehbarer Weg, an einigen Stellen niedrige Schwindelgefahr. Gegen Ende steiler Abstieg auf einer Straße.
Einkehr: Einfache Snackbar in Lombo do Salão.

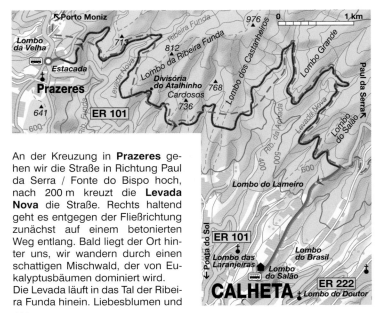

An der Kreuzung in **Prazeres** gehen wir die Straße in Richtung Paul da Serra / Fonte do Bispo hoch, nach 200 m kreuzt die **Levada Nova** die Straße. Rechts haltend geht es entgegen der Fließrichtung zunächst auf einem betonierten Weg entlang. Bald liegt der Ort hinter uns, wir wandern durch einen schattigen Mischwald, der von Eukalyptusbäumen dominiert wird.
Die Levada läuft in das Tal der Ribeira Funda hinein. Liebesblumen und

Die Pfarrkirche von Prazeres.

Hortensien kündigen das **Wasserhaus Atalhinho** an. Unser Weg führt durch einen üppigen Garten; Apfelbäume und Artischocken, Rosen und Dahlien werden vom Wärter liebevoll gehegt und gepflegt.

Der Weg gibt bald den Blick auf das unter uns liegende Dorf Lombo dos Moinhos und das Meer frei. Nachdem mehrere Forstpisten gequert sind, zieht sich die Levada weit ins Tal der Ribeira da Achada hinein. Auf der anderen Talflanke können wir den weiteren Wegverlauf ausmachen und haben nun auch sehr schöne Ausblicke auf den Rand der Hochebene Paul da Serra. Je weiter wir ins Tal vordringen, umso pittoresker gibt sich die Natur. Heidebusch und Adlerfarne überziehen die Hänge des Pico Gordo (1264 m). An den Gumpen der **Ribeira da Achada** lässt es sich rasten.

Eine halbe Stunde weiter queren wir die Ribeira do Raposo und kommen nach weiteren 30 Minuten an einen Wassertank. Das Becken wird am linken oberen Rand umlaufen. Weiter an der Levada entlang wird noch ein Wasserhaus passiert und schließlich stoßen wir auf die von Paul da Serra herunterkommende Straße. Diese bringt uns rechts abwärts nach **Lombo do Salão** und zur Landstraße ER 222 in **Calheta**. Die Bushaltestelle ist gleich rechts an der Straße.

Große Küstenrunde im Westen

Für den ausgedehnten Rundweg an der Westküste der Insel sollte man etwas Kondition mitbringen. Ein steiler Abstieg bringt Sie hinunter zum Meer in das Fischerdorf Paul do Mar. Durch eine karge Küstenvegetation geht es ebenso steil wieder hinauf zur Levada Nova, an der die Tour ihren bequemen Ausklang findet.

Ausgangspunkt: Mit dem Pkw zum Hotel Jardim Atlântico, 537 m. Mit dem Bus kommend steigt man an der Kreuzung in Prazeres Centro aus und folgt der Straße 1,7 km bis zum Hotel (Wegbeschreibung am Ende der Tour auf S. 167).
Höhenunterschied: 640 m im Auf- und Abstieg.
Anforderungen: Teils ausgesetzter steiler Abstieg und schattenloser Aufstieg

auf alten Pflasterwegen, das letzte Stück erfolgt auf einem bequemen Levadaweg. Gute Kondition erforderlich, zur Entlastung der Knie empfehlen sich Teleskopstöcke, Vorsicht bei Nässe. Badesachen mitnehmen!
Einkehr: Cafeteria im Hotel Jardim Atlântico, Snackbars und Lokale in Paul do Mar. Bar neben der Kirche in Fajã da Ovelha und in Raposeira do Lugarinho.

Abstieg nach Paul do Mar.

Schräg gegenüber von der Rezeption vom **Hotel Jardim Atlântico** gehen wir neben einer Wandertafel den Vereda do Paul do Mar hinab (PR 19). Wir folgen dem Sträßchen durch Wohnblöcke, nehmen nach etwa 40 m die erste Treppe rechts abwärts zwischen zwei Apartmenthäusern hindurch und stoßen auf den restaurierten Pflasterweg. Links sehen wir auf das idyllisch gelegene Jardim do Mar hinab, rechts unten am Meer liegt uns Paul do Mar zu Füßen. Der Pflasterweg windet sich in Serpentinen extrem steil den Hang hinunter. Bald können wir den Bootsanleger ausmachen, an dem unser Weg das Dorf erreichen wird.

Vom Hafen in **Paul do Mar** gehen wir auf dem parallel zum Meer verlaufenden betonierten Dorfweg durch den Ort zur Kirche und kurz nach dieser auf der Uferstraße weiter. Unterhalb vom Café Bela Vista gibt es eine Bootsrampe mit Fischerbooten, bei ruhiger See kann man hier über glitschige Steine ins Meer gleiten. 50 m nach dem Café wird am Aparthotel Paul do Mar vor einer kleinen Brücke die Uferstraße rechts in die gepflasterte Vereda dos

Was der Mensch aufgegeben hat, holt sich die Natur Stück für Stück zurück – an der Levada Nova.

Zimbreiros verlassen. Nach 75 m queren wir auf einer Bogenbrücke die Ribeira das Galinhas. Der Weg führt zwischen zwei Häusern hindurch. Es folgt nun ein langer steiler Aufstieg durch eine trockenresistente Küstenvegetation aus Opuntien und Agaven. Am Aussichtspunkt an dem alten Förderband bietet sich eine Atempause an, hier fällt das Kap senkrecht zum Meer ab.
Über uns können wir schon die Kirche von Fajã da Ovelha sehen. 10 Minuten nach dem Aussichtspunkt wird eine Teerstraße gekreuzt, wir steigen halb rechts auf der schmaleren Dorfstraße (Caminho do Massa Pez) ins Dorf auf. Die Straße geht in eine steile Betonpiste über. Wir treffen auf ein quer verlaufendes enges Teersträßchen, dem wir rechts hoch zur Kirche folgen. Am Kirchplatz von **Fajã da Ovelha** steigen wir ein paar Stufen auf, überqueren

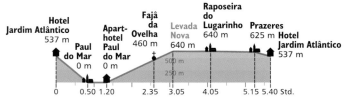

eine Straße und halten uns links auf dem Teerweg (Caminho S. João) weiter aufwärts. Dieser geht nach ein paar Minuten in die Rua Prof. Francisco Barreto über. Von links mündet die Rua das Eirinhas ein, wir gehen weiter geradeaus und kommen am ehemaligen Waschhaus und alten Bruchsteinhäusern vorbei. Eine knappe halbe Stunde nach der Kirche erreichen wir die 640 m hoch gelegene **Levada Nova**, der wir rechts entgegen der Fließrichtung folgen. Die Levada schlängelt sich durch zwei Täler, Kulturland wechselt mit Kiefernwald und Farnwiesen. Nach einer halben Stunde auf der Levada ist der Levadaweg eventuell durch eine Baustelle für ein Stück unterbrochen, die Umleitung ist mit »Desvio Levada« ausgeschildert.

Nach einer gemütlichen Stunde auf der Levada verschwindet diese unter einer Teerstraße. Wir gehen 6 m links die Straße aufwärts und treffen wieder auf den Kanal. 20 Minuten darauf wird in **Raposeira do Lugarinho** eine Straße erreicht (links befindet sich eine Bar mit zugehörigem Tante-Emma-Laden). Die Levada läuft hier durch einen Privatgarten. Wir folgen der Straße rechts für 10 m und umgehen dann das Haus mit dem Garten.

Knapp 10 Minuten nach Raposeira quert die Levada die alte Landstraße und schwenkt ins Tal der Ribeira da Cova. In **Maloeira** werden kurz hintereinander zwei Straßen gekreuzt. 20 Minuten später kommen wir an einem allein stehenden Wasserhaus vorbei. Die Levada läuft nochmals in ein Tal hinein. Gut 10 Minuten nach dem Wasserhaus verschwindet sie in Höhe vom Caminho Lombo da Vela für 20 m unter einer Straße. Nach weiteren 10 Minuten wird schließlich an zwei Picknicktischen vor dem Posto Florestal in **Prazeres** die Levada in das Sträßchen nach rechts verlassen, auf dem in 2 Minuten zur Hauptstraße von Prazeres abgestiegen wird. Rechts von der Kreuzung ist eine Bushaltestelle.

Zum Hotel Jardim Atlântico kreuzt man die Hauptstraße und folgt der Rua da Igreja. An der Kreuzung an der Kirche hält man sich rechts (Caminho Lombo da Rocha), an der Gabelung 4 Minuten darauf geht man ebenfalls rechts. Das Sträßchen führt am Restaurant Olhar do Campo vorbei und schwenkt am Restaurant Vista Prazeres nach rechts zum **Hotel Jardim Atlântico**.

Die Pracht-Yucca wird wegen ihrer Blüte auch Palmlilie genannt.

Die Vorzeigelevada im äußersten Nordwesten

Die Ribeira da Janela ist der längste Fluss von Madeira. Vom Quellgebiet in Rabaçal zieht sie sich in Stromschnellen hinunter an die Nordwestküste. Das tief eingekerbte Tal kann von Lamaceiros aus entlang der Levada da Central da Ribeira da Janela bequem ein Stück erkundet werden. Kaum eine andere Levada ist so gepflegt. Hortensien und Liebesblumen schmücken den Weg, Picknickbänke laden zur beschaulichen Rast mit Blick auf eine kunstvoll terrassierte Landschaft ein – und als Novum wurde selbst an Abfallkörbe gedacht.

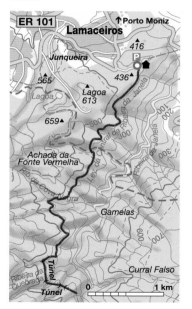

Ausgangspunkt: Wasserhaus in Lamaceiros, 400 m. Von Porto Moniz folgt man der ER 101 etwa 3 km in Richtung Funchal und biegt an einem Kreisverkehr in Richtung »Levada Ribeira da Janela / Lamaceiros« links ab (von Rabaçal bzw. Prazeres kommend ist der Abzweig mit »Campo de Futebol« ausgeschildert). An einer Kreuzung hält man sich geradeaus und erreicht schließlich nach 3,4 km ab der ER 101 das links unterhalb der Straße gelegene Wasserhaus, vor dem man parken kann.

Höhenunterschied: Unwesentlich.

Anforderungen: Einfache Levadawanderung, für die beiden langen Tunnels ist eine Taschenlampe erforderlich. Schwindelgefahr niedrig bis mittel, an etlichen ausgesetzten Stellen sind die Sicherungen zerstört.

Einkehr: Snackbar Lagoa am Beginn der Tour.

Variante: Wer will, kann vom Umkehrpunkt aus durch fünf weitere Tunnels bis zum Eingang eines letzten, fast 2 km langen Tunnels folgen (hin und zurück zusätzlich 1½ Std.). Der Weg kann mitunter sehr feucht sein.

Gegenüber vom Wasserhaus in **Lamaceiros** folgen wir vor dem riesigen Wassertank rechts der Levada entgegen der Fließrichtung. Die Levada wird hier von einem Holzgeländer begleitet und läuft zunächst durch eine Picknickzone. Nach der ersten Rechtskehre haben wir sogleich eine tolle Aus-

Terrassenlandschaft im Janela-Tal.

sicht auf die terrassierte Talflanke der Ribeira da Janela und die gleichnamige große Streusiedlung. Die Levada macht die Orientierung problemlos, vorbei an Apfelbäumen und rankenden Bananenmaracujas zieht sie sich immer tiefer ins Tal hinein. Zwei aussichtsreiche Picknicktische stehen genau an den richtigen Stellen. Auf einem betonierten Überlauf wird ein Seitenarm gequert, eine Viertelstunde später zieht die Levada am Fuß einer von Farnen bewachsenen Felswand entlang, nach der sich eine besonders schöne Aussicht ins Tal öffnet. Der Weg wird schmaler, und wir erreichen einen langen **Tunnel**, der in knapp 10 Minuten durchlaufen wird. An dessen Ausgang stehen wir in einem Felsenkessel, in dem ein Wasserfall auf ein über der Levada angebrachtes Wellblechdach donnert, das uns eine größere Dusche erspart. Sogleich schließt sich ein zweiter, nicht ganz so langer Tunnel an. Er ist gekrümmt, sodass man den Ausgang nicht sehen kann. Eine Viertelstunde danach erreichen wir ein **Wasserhaus**, von dessen Terrasse sich nochmals der Blick ins obere Tal der Ribeira da Janela bis hinauf nach Rabaçal öffnet. Wir gehen auf demselben Weg zurück.

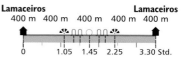

Stichwortverzeichnis

Für die beschriebenen Touren empfehlen wir die
Auto- und Freizeitkarte 1:40.000

AK 9303 **Madeira**

Von **freytag & berndt**

erhältlich in jeder Buchhandlung!

Umschlagbild: Die Levada das 25 Fontes gehört zu den Traumtouren von Madeira.

Bild im Innentitel: Schroffe Kliffküste auf der Halbinsel São Lourenço.

Alle 107 Farbfotos vom Autor, ausgenommen die Bilder auf S. 153 (Sabine Gebauer), 9, 17 u., 19, 72, 112, 137, 157 (Werner Gottwald), 111 (Philip Kahnis).

Kartografie:
50 Wanderkärtchen im Maßstab 1:25.000 und 1:50.000 © Freytag & Berndt, Wien (bearbeitet von www.rolle-kartografie.de), Übersichtskarten im Maßstab 1:250.000 und 1:370.000 (www.rolle-kartografie.de).

Die Ausarbeitung aller in diesem Führer beschriebenen Wanderungen erfolgte nach bestem Wissen und Gewissen des Autors.
Die Benützung dieses Führers geschieht auf eigenes Risiko.
Soweit gesetzlich zulässig, wird eine Haftung für etwaige Unfälle und Schäden jeder Art aus keinem Rechtsgrund übernommen.

7., aktualisierte Auflage 2011
© Bergverlag Rother GmbH, München

ISBN 978-3-7633-4274-7

Wir freuen uns über jeden Korrekturhinweis zu diesem Wanderführer!
BERGVERLAG ROTHER · München
D-82041 Oberhaching · Keltenring 17 · Tel. (089) 608669-0
Internet www.rother.de · **E-Mail** leserzuschrift@rother.de